G2시대

미국에 맞서는 중국의 초강대국 전략

G2시대

매일경제 국제부 중국팀 지음

매일경제신문사

팍스 아메리카에서
팍스 차이나로

"잠자는 사자(중국)를 깨우지 마라. 그 사자가 깨어나면 세계가 진동할 것이다."

중국을 상대로 영국이 아편전쟁을 벌이기 훨씬 이전, 프랑스 나폴레옹이 했던 것으로 전해지는 말이다. 최근 몇 년 사이 이 말은 세계인들이 피부로 느끼는 현실이 되었다.

오랜 잠에 빠져 있던 중국은 1978년 개혁개방과 함께 스스로 깨어났다. 그리고 불과 30년 만에 정치, 경제, 문화, 스포츠 등 모든 분야에서 지구촌의 새로운 강자로 떠올랐다.

중국이 세계의 공장으로 불리며 원유와 철광석을 빨아들이고, 국제 원자재가격을 좌지우지할 때만 하더라도 지구촌 사람들은 중국의 등장을 '차이나 쇼크'로 묘사했다. 세계무대에 새로 등장한 거인을 호기심과 경계심이 겹쳐진 눈으로 바라보며 내놓은 반응이었다. '어쩌다 한 번쯤 반짝할 수도 있겠지' 하는 냉소적인 시각이 곁들여진 것도 사실이다.

그러나 대공황 이후 최대 위기로 불리는 미국 발 금융위기가 2008년 세계경제를 뒤흔들자 잠에서 깨어난 사자는 마침내 포효하기 시작했다.

아편에 중독됐던 19세기 중국인들처럼, 값싼 중국제품에 중독된 세계인들은 글로벌 금융위기 속에서도 '메이드 인 차이나'를 뿌리치지 못했다. 중국의 곳간은 갈수록 넉넉해졌고 2009년 중국 외환보유액은 2조 달러를 넘어서기에 이르렀다. 역사상 그 어떤 나라도 가져본 적이 없는 어마어마한 돈으로 중국은 이제 미국과 유럽의 내로라하는 기업과 기술까지 무차별적으로 사들이기 시작했고 제3세계 국가들에게는 원조 공세를 펼치고 있다.

소련이 1930년대 대공황을 거치면서 미국과 맞서는 지구촌 강자로 등장했듯이 2008년 글로벌 금융위기를 거치면서 이번엔 중국이 새로운 강자로 떠올랐다. 중국을 빼놓고는 더 이상 세계질서를 설명하기 힘들어진 시대라는 사실이 분명해지자 중국을 표현하는 수식어도 'G2', '팍스 차이나' 등으로 바뀌고 있다. 미국과 함께 중국이 쌍벽을 이루며 세계를 이끌어가거나, 아예 중국 주도로 세계 질서가 재편될 수 있음을 의미하는 표현들이다.

한국인들은 일본을 '가깝고도 먼 나라'라고 비교적 쉽게 정의해왔다.

그렇다면 황해 건너에 새롭게 떠오른 초강대국 중국은 우리에게 어떤 나라인가.

대개 한국인들은 중국을 잘 안다고 생각한다. 누구나 한 번쯤 삼국지를 읽었기에 유비나 관우까지 거론하며 중국에 친근감을 표시하곤 한다. 1992년 한·중 수교 이후 20년도 흐르지 않았지만 매년 수많은 한국인들이 중국여행을 다녀올 정도로 양국 간 지리적 거리가 가까운 점도 이런 정서의 배경이다. 더구나 중국은 한국의 최대 무역상대국이다. 장차 통일 한국이 되면 국경선 가운데 90%를 마주해야 할 나라이기도 하다.

그럼에도 "중국이 우리에게 어떤 나라인가"라는 질문을 던지면 대다수 사람들은 답변을 주저한다. 중국 길거리에서 마주친 지저분하고 무질서한 광경, 한국전쟁에서 총부리를 맞댄 기억, 역사해석을 둘러싼 마찰 등이 머릿속에서 복잡하게 얽히기 때문이다.

싫든 좋든 중국은 시일이 흐를수록 한반도에 거대한 영향을 미칠 중요한 변수로 자리매김하고 있다. 한 외교관은 "미국이나 유럽에서는 보는 만큼 알게 된다. 그러나 중국에서는 아는 만큼만 볼 수 있다"고 말했다. 서양문화와 문명은 동양인에게 항상 새롭다. 경험하는 그 자체로 새로운 배움이 된다. 하지만 동일한 동양문화권인 중국에서는 '나도 안다'고 생각하는 순간 아무 것도 보이지 않고 모든 것이 스쳐 지나가게 된다. 스스로 묻고, 발견하지 않으면 새로운 배움을 얻을 수 없다.

아무쪼록 이 책이 지구촌 새로운 강자로 떠오른 중국의 오늘과 내일에 대해 묻고, 발견하는 계기가 됐으면 하면 바람이다. 책이 나오기까지 수고를 아끼지 않은 편집국 국제부 기자들과 매경출판 관계자들에게 감사의 말을 전한다.

매일경제신문 · TV 회장 장대환

새 세계질서는
중국 손에

그야말로 중국의 시대다.

중동 테러에서 동남아시아 홍수와 아프리카의 가뭄까지, 언론사 국제부에는 세계 곳곳에서 터지는 뉴스들이 끊임없이 흘러 들어온다. 하지만 지난 몇 년 사이 국제뉴스 중에서도 유독 중국뉴스의 비중이 폭발적으로 늘었다. 위안화 환율, 상하이 증시, 고도 경제성장, 신장위구르 · 티베트의 소수민족 시위 등 중국 대륙에서 쏟아져 나오는 소식이 다른 뉴스들을 압도한다.

대륙만의 문제가 아니다. 미국, 유럽, 중남미, 아프리카에서도 중국뉴스는 쉴 새 없이 전달돼 온다. 중국 기업이 미국이나 유럽 기업을 사들이고 통상마찰을 일으키고 있다거나, 중남미에 고속철도를 건설하고, 아프리카 · 호주에서 광산을 사들였다는 식의 내용이다. 중국뉴스를 하루라도 건너뛰면 신문지면이 허전해질 정도다.

〈월스트리트저널〉이나 〈파이낸셜타임스〉의 헤드라인에도 중국뉴스가 자리 잡고 있다. 중국이 이미 아시아의 신흥경제강국을 넘어 세계경제를 좌우하는 핵심 플레이어로 떠올랐다는 점은 아무도 부인할 수 없는 현실이다. 아쉬운 일이지만 일본과 한국 뉴스는 뒷전으로 밀려난 느낌이다.

제2차 세계대전 이후, 승전국인 미국과 소련이 양극체제를 이루며 세계를 이끌어가던 냉전시대가 있었다. 그리고 지금은 미국과 중국이 세계 질서를 주도하는 'G2 시대'로 자연스럽게 접어들고 있다.

현재 우리는 전 세계적 질서 재편의 시대를 맞고 있다. 이런 중대한 국면에서 우리가 얼마나 정확하고 객관적인 눈으로 세상을 바라보고 중국을 이해하고 있는지에 대해 반문해볼 필요가 있다.

국제뉴스 가운데 70% 이상은 AP, AFP, 로이터, CNN 등 서방언론의 손을 거쳐 생성되고 유통되고 있는 게 엄연한 현실이다. 18~19세기 지리적 발견과 산업혁명을 거치며 축적한 부를 바탕으로 유럽인들은 아시아, 아프리카, 중남미를 지배하고 세계를 좌지우지했다. 이처럼 세계 정치 · 문화 · 경제를 주름잡아온 서양인들 눈에 중국의 급부상이 그리 달가워 보일 리가 없다. 실제로 중국을 견제하려는 서양인들의 시각은 중국뉴스를 전하는 외신 곳곳에서 드러나곤 한다.

중국은 이런 서양인들의 시각, 즉 세계표준으로 자리 잡은 서양식 문화와 제도에 정면으로 도전하고 있다. 서양에서 정착시킨 민주주의에 대해선 '중국특색의 사회주의'로, 서양에서 발전시킨 자유시장경제에 대해선 '사회주의 시장경제'라는 논리로 맞선다. 물론 그 이면에는 수백 년간 중국을 지배했던 중화사상(中華思想)이 도사리고 있다.

특히 2008년의 글로벌 금융위기는 중국이 G2로 올라서는 시기를 앞당겼다고 볼 수 있다. 2조 달러가 넘는 외환보유고를 가진 중국은 달러 기축통화에 도전하면서 서방이 주도하는 기후변화 대책에 순순히 따라가지 않겠다고 공공연히 말한다. 새로운 다자간 협의체제로 떠오른 G20정상회의에서 가장 목소리가 큰 나라도 중국이다.

지금 중국은 자신들의 잣대로 세계를 '경영'하겠다는 의지를 숨기지 않는다. '도광양회'에서 '화평굴기'를 넘어, 휘황찬란한 건국 60주년을 맞은 이제는 '조국예찬, 시대구가, 민심고양'을 꺼내들었다.

미국과 소련의 냉전시대가 '이념 충돌'이었다면 미국과 중국의 G2시대는 '동양과 서양 간 충돌'이라는 관점으로 파악할 수 있다. 세계 유일의 수퍼파워, 미국에 맞서는 새로운 강자로 떠오른 중국. 그들의 초강대국 전략을 이해한다면 G2시대가 앞으로 어떻게 세계질서를 바꿔나갈지 유추해 볼 수 있을 것이다.

매일경제신문 국제부장 조경엽

Contents

PAX CHINA

Part. 01

'**G2 전쟁**' 시작됐다

중화경제가
세계경제를 뒤흔든다

"이제 달러 필요 없다"는 중국

2009년 상반기 중국 외환보유액이 2조 달러를 돌파했다.

중국은 이미 2006년 2월 일본을 제치고 세계에서 외환보유액이 가장 많은 나라가 됐다. 그해 10월에는 단일 국가로서는 처음으로 외환보유액 1조 달러를 돌파했고, 그 돈은 3년 만에 다시 2배로 늘어났다. 역사상 그 어떤 나라도 가져보지 못한 어마어마한 돈이다.

2007년 미국 루이지애나주의 한 가정이 '중국제품 안 쓰고 1년간 버티기'라는 체험담을 책으로 펴내 화제가 된 적이 있다. "중국산 제품을 사용

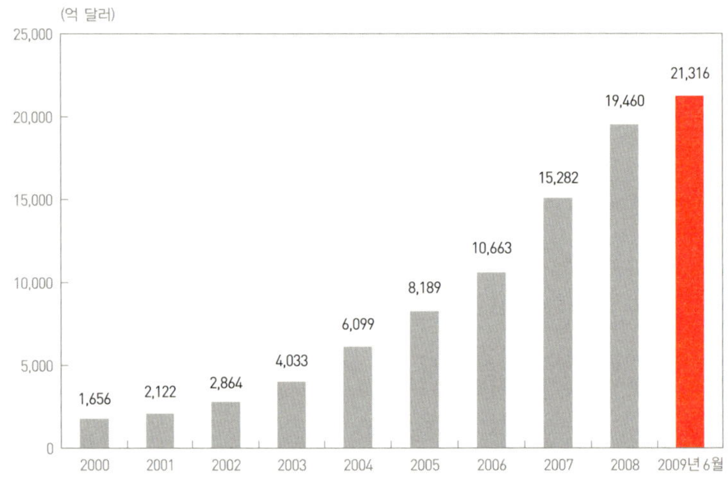

자료: 중국인민은행

하지 않으려고 쇼핑리스트에서 제외했더니 아들 생일파티에 사용할 양초와 폭죽마저 구하기 힘들어 애를 태웠다"는 사연이 담겨 있다. 이 책의 저자는 "중국제품을 사용하지 않으면 장난감을 쇼핑하거나 서랍장을 수리하는 것과 같은 지극히 단순한 일상생활도 얼마나 고달픈 일이 되는지 뼈저리게 체험했다"고 토로했다.

이처럼 미국인들이 중국제품으로 풍요롭고 화려한 생활을 즐기는 동안 어느새 근본적인 질서변화가 이뤄지고 있었다. 미국은 세계 최대 빚쟁이 국가가 됐고 중국은 세계 최대 채권국가로 바뀌었다. 세계경제질서에도 지각변동이 일어나기 시작했다.

우선 중국 정부는 엄청나게 쌓아놓은 달러화로 국제무대에서 큰소리를 치기 시작했다. 아프리카, 중남미 오지까지 찾아다니며 원자재를 싹쓸이 하다시피 사들였다. 기술과 브랜드를 지닌 외국기업들이 매물로 나오면 빠짐없이 인수전에 뛰어들었다. 제3세계 국가들을 상대로 원조를 쏟아 부으며 인심을 사기도 했다.

그런데 다른 한편에서는 중국 인민들의 불만이 부풀어 오르고 있다. 중국 지식층들은 2006년부터 '쓸데없이 많은' 외환보유액에 대해 거세게 공격하기 시작했다. "땀 흘려 만든 신발, TV, 냉장고를 미국에 실어다주고 왜 저들이 펑펑 찍어낸 종이쪽지(달러)나 차용증(미국 국채)을 받아오느냐"는 불만이었다.

중국 경제학자들이 2006년 계산한 적정 외환보유액은 약 7,500억 달러다. 원자재를 사들이고 무역대금을 결재하기 위해 필요한 돈이다. 나머지 외환보유액은 한마디로 쓸모없는 돈인 데다 이를 보관하는 데 엄청난 비용이 들어간다.

중국 정부는 위안화를 조달해서 그 돈으로 달러를 산다. 위안화를 조달할 땐 연 2.46% 이자(3년물 국채 기준)를 지불하는데 이 돈을 달러로 바꿔 미국 국채를 보관하면 연 1.63% 이자만 받게 된다. 매년 166억 달러씩 이자손실이 생기는 것이다. 그래서 어느 중국 경제학자는 "매년 항공모함

4~5척을 바다 속에 처박고 있는 꼴"이라고 개탄하기도 했다. 한마디로 지나치게 많아진 외환보유액은 중국으로서도 '애물단지'인 셈이다.

마침내 중국은 "우리에게 더 이상 달러화가 필요하지 않다"는 목소리를 내기 시작했다. 중국이 이제까지 세계 어느 나라도 감히 하지 못했던 이런 주장을 제기하는 순간 세계 금융시장은 중국의 눈치를 살펴야 하게 됐다.

그 신호탄은 2009년 3월 중국 인민은행 홈페이지에 저우샤오촨 은행장이 올린 성명서였다. 저우샤오촨 인민은행장은 이 글에서 미국 달러화를 대체할 새로운 기축통화가 필요하다고 주장했다. "달러화 대신에 국제통화기금(IMF)의 특별인출권(SDR)을 기축통화로 사용하자"며 구체적인 방안까지 거론하고 나섰다. 한마디로 "미국 달러화를 더 이상 받고 싶지 않으니 다른 무역결제 수단을 찾아보자"는 선언이었다.

이는 대영제국의 몰락을 확인시켜준 1944년 브레튼우즈 협정을 떠올리게 하는 일대 사건이었다. 영국은 당시까지만 하더라도 '해가 지지 않는 나라'로 통했고 파운드화도 국제화폐로 통용되고 있었다. 그러나 브레튼우즈 협정을 거치면서 국제 통용화폐 지위는 미국 달러화로 완전히 넘어갔고 미국 주도의 세계질서, 즉 '팍스 아메리카 시대'가 반석 위에 올라섰다.

중국이 달러를 대체할 만한 새로운 기축통화를 찾아보자고 나선 것은 사실상 미국을 더 이상 세계유일 강대국으로 인정할 수 없다고 문제를 제

기하고 나선 것이나 다름없다. 중국의 이런 주장이 '변방의 북소리' 나 '찻
잔 속 태풍' 에 그치지 않는다는 사실은 곧바로 확인됐다. 러시아, 브라질
등 개발도상국들이 중국 주장에 속속 호응했고 프랑스, 국제통화기금
(IMF) 등 선진국이나 세계경제기구들도 중국에 동조하고 나섰다.

이 즈음 원자바오 중국 총리는 2009년 전국인민대표회의(정기국회에 해
당)를 마치는 자리에서 미국을 바짝 긴장하게 할 만한 한마디를 던졌다.
"미국 국채의 안전성을 우려하고 있다"는 내용이었다. 이는 "미국 정부가
달러화와 국채를 마구 찍어내선 안 된다"는 일종의 경고였다. 미국이 달러
화와 국채를 계속 펑펑 찍어낸다면 그 가치가 하락할 것이기 때문에 중국
으로서는 보유 중인 미국 국채나 달러화를 먼저 시장에 내다 팔아버릴 수
밖에 없다는 뜻을 담고 있다.

이 말 한마디에 미국 국채가격은 곧바로 하락세를 나타냈고 금융시장은
출렁였다. 당황한 버락 오바마 미국 대통령이 다음날 기자회견에서 "중국
을 비롯한 미국 국채 투자자들은 절대적인 신뢰를 가져도 좋다"며 진화에
나섰을 정도로 중국의 발언력은 이미 높아질 대로 높아졌다.

세계은행이 집계한 2008년 중국 국내총생산(GDP)은 3조 8,600억 달러
로 미국 14조 2,043억 달러, 일본 4조 9,093억 달러에 이어 세계 3위다.
그러나 미국과 일본은 미국 발 금융위기를 거치면서 2009년 경제성장률
이 마이너스로 추락한 반면 중국은 연 8%에 이르는 고도성장을 그대로 지

속했다. 중국은 이미 2008년 독일을 제치고 세계 3위 경제대국으로 올라섰으며, 2009년에는 일본마저 제치고 세계 2위로 올라서게 된다.

미국마저 제치고 세계 최대 경제대국으로 올라설 시기에 대해서는 아직 논란이 분분하다. 다만 당초 2020년 또는 2025년으로 예상되던 그 시기가 미국 발 금융위기를 거치면서 대폭 앞당겨지고 있는 것만은 분명하다.

중국 사회과학원 유럽연구소는 금융위기가 한창이던 2009년 8월 "2018년 정도면 중국이 미국을 제치고 세계 최강 경제대국으로 올라설 것"이라고 전망하기에 이르렀다. 미국을 추월하는 데 앞으로 10년도 필요하지 않다는 뜻이다.

2000년대 'G2시대'는 빚쟁이 미국과 채권자 중국의 어색한 양립시대다.

"달러화가 더 이상 필요하지 않다"며 어느 순간 중국이 위안화를 대폭 평가절상하거나 보유 중인 달러를 시장에 내다팔기 시작하면 어떤 일이 벌어질까. 달러화 가치가 하락하면서 중국과 미국의 경제력은 상상하기 힘든 속도로 뒤집어질 수도 있다. 소련경제가 와르르 무너져 내렸던 것처럼 미국경제가 주저앉지 말라는 법도 없다. 그 시기는 바로 3년 후 혹은 5년 후일 수도 있다.

미국이 자초한 위기, 中 패권 앞당겼다

2008년 9월 미국 대형 투자은행인 리먼 브라더스가 파산했다. 세계 금융시장은 혼돈으로 빠져들었고 미국·유럽 금융권의 모순이 한꺼번에 폭발했다. 1930년대 대공황을 떠올리는 비관론이 유행병처럼 번졌다.

이때 서방언론들은 중국 광둥성 선전과 둥관 일대 장난감 공장을 집중적으로 조명해댔다. 그곳은 1978년 중국이 개혁·개방을 하면서 가장 먼저 개발한 '개혁·개방 1번지'로, 세계 완구의 60%를 만들어내고 있었다. 미국 발 세계 금융위기로 수출길이 막히자 이곳 장난감 공장들은 앞다퉈 문을 닫기 시작했고 일자리를 잃은 농민공들은 고향으로 돌아가기 위해 기차역으로 몰려들었다.

"그것 봐라, 미국·유럽경제가 기침을 하면 중국경제는 꼼짝없이 감기에 걸리게 되지. 미국·유럽 소비자들이 물건을 사주지 않으면 중국경제가 어떻게 버틸 수 있나. 이번 위기를 겪으면서 중국은 그동안 이룬 경제발전이 미국이나 유럽 덕분이라는 사실을 인정하고 고마워할 줄 알아야 한다."

금융위기 초반 서방언론들이 주로 내세운 논리였다. 그러다 보니 자연스럽게 "미국과 유럽경제가 먼저 회복돼야 중국도 뒤따라 회생할 수 있다"라는 성급한 결론이 내려졌다.

그러나 이런 분석이 엉터리였다는 사실은 반년도 지나지 않아 확인됐다. 2009년 4월 주요 20개국(G20) 정상들이 금융위기 해법을 찾기 위해 런던에 모여 앉았다. 이때 전 세계 70개국 주식시장 중에서 리먼 브라더스 파산사태 이전으로 주가가 회복된 곳은 중국 주식시장(상하이증시와 선전증시) 단 1곳뿐이었다. 주식시장이 경제의 거울이라는 사실을 인정한다면 미국 발 금융위기에서 가장 빨리 벗어난 나라가 중국이라는 결론에 이르게 된다.

중국경제는 서방언론들의 주장처럼 미국·유럽 소비자들이 지갑을 닫으면 곧장 혼비백산하는 경제가 아니었던 것이다. 더 이상 장난감이나 신발·의류에 의존하는 경제도 아니었다.

전 세계 인구 중 20%를 웃도는 13억 인구는 다른 어느 나라에서도 찾아보기 힘든 거대한 잠재 소비시장이다. 세계 4위의 광활한 국토는 철도, 고속도로, 댐, 공항 등 한계를 알 수 없을 정도의 개발수요를 안고 있다.

그리고 중국 정부는 그 잠재소비와 개발수요를 촉발해낼 비전과 계획, 자금, 기술도 갖고 있었다. 미국 발 금융위기가 터진 직후 세계 어느 나라보다도 빨리 4조 위안(약 730조 원)에 이르는 초대형 경기부양책을 발표하고 집행한 사실이 그런 점을 반영한다.

중국은 미국 발 금융위기 속에서 휘청이기보다는 오히려 새로운 기회를 잡아 내달리기 시작했다.

경제개발 후발주자인 중국은 그동안 원자재 확보를 가장 크게 걱정해왔다. 당초 원유 수출국이던 중국은 경제발전으로 소비량이 늘어나 1993년부터는 원유 수입국으로 전환됐다. 원유 수입규모는 이미 세계 2위로 올라섰고 철광석, 구리, 알루미늄, 아연, 납 등은 세계 최대 소비국이자 수입국이다.

세계시장의 원자재 수요와 공급이 균형을 이루고 있는 상태에서 중국이라는 거대한 신규 소비자가 나타나자 원자재 값은 2000년대 들면서 폭등하기 시작했다. 2005년 철광석 가격파동은 그중 하나의 사례일 뿐이다. 이때 호주·브라질의 철광석 공급회사들은 철광석 가격을 단번에 71.5% 인상하기도 했다. "원자재를 확보해 놓지 않는다면 장기적인 국가발전은 꿈도 꿀 수 없다"며 중남미·아프리카 오지까지 돌면서 웃돈을 주고 원자재를 확보하고 있을 때 세계 금융위기가 터졌다. 원자재 값은 폭락했고 중국은 2조 달러에 이르는 막대한 자금력을 이용해 부지런히 원자재를 주워 담기 시작했다. 특히 중국은 2003년부터 원유 비축계획을 수립하고 전국에 원유비축단지를 건설했다. 그 시설들이 2006년부터 하나둘 완공되기 시작했는데 때마침 원유가격이 폭락했으니 2008년 세계 금융위기야말로 중국으로서는 고마운 손님일 따름이다.

원자재뿐만이 아니다. 중국은 기술·브랜드를 손쉽게 확보하는 방법으로 외국기업 인수합병(M&A)에도 적극적으로 나서왔다. 이른바 저우추취(走出去·해외 진출) 전략이다. 개혁·개방 초기 외국자본을 끌어들이던 인진라이(引進來·자본유치)에서 수정된 전략이다.

2005년 중국 컴퓨터회사인 레노보가 IBM의 컴퓨터사업 부문을 12억

5,000만 달러에 사들이는 등 저우추취 전략은 곳곳에서 성과를 거두기도 했지만 다른 한편에서는 '중국위협론'을 폭발시키기도 했다. 2006년 중국해양석유총공사(CNOOC)는 미국 9위 정유업체인 유노콜 인수전에서 가장 높은 가격을 제시하고도 미국 의회의 반대에 부딪혀 인수에 실패했다. 미국에서 중국위협론이 이처럼 맹위를 떨칠 정도라면 유럽, 일본 등에서는 말할 나위도 없었다.

그러나 2008년 금융위기가 터지자 중국위협론은 사그라들고 오히려 "중국자본을 유치해서 위기를 극복해야 한다"는 목소리가 그 자리를 대체하기 시작했다. 금융위기 과정에서 구조조정에 나선 일본 전자회사들은 생산설비를 송두리째 중국에 넘겨주기도 했다. '중국이 안방으로 쳐들어온다'며 문을 걸어 잠그던 선진국들이 경제위기에 봉착하자 지푸라기라도 잡는 심정으로 "누이 좋고 매부 좋고"를 외치며 기술과 브랜드를 마구 매물로 내놓기 시작한 것이다.

1930년대 대공황과 2008년 미국 발 금융위기는 종종 비교되는 사건이다. 이런 비교를 할 때 많은 사람들은 '대공황 당시 전 세계경제가 쑥대밭이 됐다'고 기억한다. 그러나 그건 사실이 아니다.

소련은 1928~1932년 제1차 경제개발 5개년 계획을 시작하며 대공황에 아랑곳하지 않고 유사 이래 최고 성장시대를 맞이했다. 1917년 공산주의 혁명에 성공했던 소련도 그때까지는 미국·유럽의 냉소와 견제를 받는 국가였다. 그러나 대공황이 발생하면서 새로운 시장을 필요로 하는 미국·유럽의 기술과 자본이 소련으로 흘러들어 갔다. 때마침 경제개발계획을 야심차게 추진하던 소련으로서는 물고기가 물을 만난 격이었다.

이처럼 소련이 대공황을 기회 삼아 부상하는 과정은 중국 관영중앙방송(CCTV)이 2007년 방영한 다큐멘터리 프로그램 〈대국굴기〉에 고스란히 기록돼 있다. 마치 미국 발 금융위기가 터질 것을 예견이나 한 듯한 프로그램이었다.

'2008년 세계 금융위기를 어떻게 활용하면 과거 소련이 그랬던 것처럼 도약의 기회로 삼을 수 있을 것인가' 하는 데 대한 해답은 이미 중국이 누구보다도 더 자세히 알고 있다. 그들은 위기에 대비해왔고 더 나아가 그 위기를 활용하고 있다. 중국이 새로운 G2시대를 열어나가는 힘의 원천이 바로 이것이다.

'워싱턴 컨센서스' 지고 '베이징 컨센서스' 떴다

미국 발 금융위기가 절정으로 치닫던 2009년 초 중남미의 소국 자메이카가 경제위기 극복을 위해 주변국들에 도움을 청했다. 이때 전통의 우방이라고 믿어온 미국과 영국은 '내 코가 석 자'라며 난색을 표했다. 그런데 뜻밖에도 중국이 1억 3,800만 달러를 선뜻 차관으로 제공했다.

미국처럼 '이렇게 하라, 저렇게 하라'는 조건도 붙이지 않았다. 그러자 몇 개월 전까지만 하더라도 중국의 영향력 확대를 경계하며 중국위협론을 퍼뜨리던 자메이카 언론들이 일제히 중국을 '관대한 나라'로 칭송하기 시작했다.

그로부터 얼마 지나지 않은 2009년 4월 주요 20개국(G20) 정상들이 세계 금융위기 극복을 위해 런던에서 회담을 가졌다. 고든 브라운 영국 총리는 이 회담의 폐막기자회견에서 "낡은 워싱턴 컨센서스의 시대가 끝났다"고 말했다. 이 G20회의에서 새로운 화두로 떠오른 것은 '베이징 컨센서스(Beijing Consensus)'였다.

워싱턴 컨센서스란 1989년 경제위기에 처한 중남미 국가들을 지원하면서 미국이 위기극복 해법으로 제시한 경제정책을 말한다. 자유무역, 공기업 민영화, 규제 완화, 정부 재정지출 축소 등을 지칭하는 이 말은 미국 경제학자인 존 윌리엄슨이 사용하면서 유명해졌다. 미국식 신자유주의 경제정책을 일컫는 말이다.

2008년 미국 발 금융위기가 세계로 확산되면서 워싱턴 컨센서스는 비판의 도마에 올랐다. 무차별적으로 규제를 완화한 결과 파생금융상품이 비대화됐고 이로 인해 거품과 위기를 잉태했다는 반성이 잇따랐다. G20 회의에 모인 각국 정상들도 "금융시장을 정상화하기 위해서는 금융회사에 대해 규제와 감독을 강화해야 한다"고 목소리를 높였다.

이런 과정에서 워싱턴 컨센서스의 대안으로 떠오른 것이 2004년 중국 칭화대 라모 교수가 제시한 '베이징 컨센서스' 라는 개념이다. 민간부문의 자율을 무작정 확대할 것이 아니라 정부 주도 아래 점진적으로 시장 개혁을 이뤄야 한다는 뜻으로, '중국식 사회주의 시장경제' 를 지칭한다. 이는 외국과 개방적으로 무역을 하면서도 다른 한편으로는 정부의 관리 · 감독 아래 자국 산업 육성에 힘쓰는 정책을 의미하는 것이다. 또 '세계 각국이 각자의 발전단계나 문화 · 체제에 따라 독자적인 가치를 유지하면서 세계 경제체제에 편입돼야 한다' 는 중국식 대외무역정책이기도 하다.

베이징 컨센서스는 세계 표준방식을 일방적으로 설정해놓고 세계 모든 나라들에 이 표준방식을 따르라고 훈계하고 압박하는 미국 대외무역정책과는 차별화된다.

워싱턴 컨센서스에 몰입해 있던 세계 각국이 미국 발 금융위기를 맞아 베이징 컨센서스로 눈을 돌린 현상은 1930년대 대공황을 거치면서 서방 경제학의 물줄기가 크게 바뀐 과정과도 흡사하다.

1928년 소련이 계획경제를 표방하고 나섰을 때 서방 경제학자들은 "무슨 뜽딴지 같은 소리냐"며 비아냥댔다. 서방 경제학자들은 당시까지만 하더라도 고전경제학의 대부 아담 스미스가 주창한 '보이지 않는 손' 을 진리로 신봉하고 있었다. 정부가 간섭하지 않는 자유로운 시장에서 수요와 공급의 힘이 자연스럽게 경제균형을 찾아준다는 논리였다.

그러나 대공황으로 미국·유럽경제가 쑥대밭이 되자 보이지 않는 손에 대한 믿음은 깨졌다. 바로 이때 정부가 계획하고 통제·간섭하는 소련경제가 유사 이래 최고의 성장세를 이어가고 있었다. 서방 경제학자들은 그제야 소련경제를 연구하기 시작했다.

영국의 저명 경제학자 존 메이너드 케인즈(John Maynard Keynes)가 "정부역할을 확대해 유효수요를 창출해야 한다"고 프랭클린 루즈벨트 미국 대통령에게 편지를 보낸 것도 바로 이 무렵이다. 고전학파 경제학은 여기서 케인즈 경제학으로 크게 방향을 전환했다.

1993년 중국은 '사회주의 시장경제'라는 자신들의 독특한 발전모델을 제시했다. 미국의 신자유주의 경제이론에 빠져있던 서방 경제학자들은 이때도 역시 부정적 반응을 보였다. 중국이 '서구 선진국의 자유시장경제와 공산권의 계획경제 장점들을 통합해서 발전시킨 제도'라고 주장했지만 미국·유럽경제가 승승장구하던 시절 중국의 이런 주장이 통할 리 없었다. 오히려 "중국이 세계경제 질서에 온전히 편입되려면 우선 정부의 간섭과 규제를 풀고 민간자율을 확대해야 한다"는 서방국가들의 훈계만 강화될 뿐이었다.

그러다가 미국 발 금융위기가 닥치자 상황은 역전됐다. 위기를 벗어나는 추진력이나 속도, 정책효과 등에서 미국과 중국의 차이는 뚜렷했다. 중국은 미국 발 금융위기로 인한 충격이 현실화되자 불과 2개월 만인 2008

년 11월, 4조 위안에 이르는 엄청난 규모의 경기부양책을 발표했다. 그러고나서 곧바로 전국 각지에서 동시다발적으로 철도·고속도로 기공식을 열었다. 경기부양 예산은 일사천리로 각 공사현장에 투입되기 시작했다.

이에 비해 미국이 경기부양 예산을 의회에서 승인받아 처음 집행한 시기는 2009년 2월이다. 금융위기 진원지로서 더 다급하게 대책을 마련했어야 할 미국이 오히려 중국보다 3개월 늦게 위기대응에 나섰던 셈이다. 그 결과는 경기회복 속도의 차이로 이어졌다.

금융시장의 판도도 확 달라졌다. 리먼 브라더스가 파산하고 10개월 뒤인 2009년 7월 전 세계 주식시장에서 주요 은행들의 시가총액(주식가치총액) 순위를 꼽아봤다. 공상은행, 건설은행, 중국은행 등 중국 내 3대 국유은행이 나란히 1~3위에 올랐다.

골드만삭스, JP모건 등 그 이름 값만으로도 다른 나라 금융시장을 주눅들게 하던 서방의 대형 금융회사들은 중국은행들 아래로 순위가 곤두박질쳤다. 금융위기가 발생하기 전 부동의 1위였던 미국 씨티그룹은 정부 구제금융을 받는 수모까지 겪으며 15위권 밖으로 밀려났다.

정부가 민간자율을 강조하며 감독과 규제의 고삐를 놓은 미국·유럽에서는 민간 금융회사들이 경쟁적으로 고위험 투자에 뛰어들었다가 차례차례 부실의 늪에 빠졌다. 이에 비해 정부가 철저히 관리·감독하는 중국에서는 은행권이 고위험 투자에 손댈 엄두조차 내지 못했다. 위기가 닥쳤을 때 어떤 관리·감독방식이 더 안전한지는 일순간 분명해졌다.

이런 상황을 모두 지켜본 중남미·동남아·아프리카 개발도상국들은 앞으로 어떤 선택을 하게 될까. 워싱턴 컨센서스를 쫓을 것으로 보이는가, 아니면 베이징 컨센서스를 쫓을 것으로 보이는가.

답은 이미 나와 있다.

새로운 강자 중국에 줄 선다

중화부흥 깃발 아래 세계의 중국인이 뭉친다

캐나다 오타와 의회 언덕에 2008년 4월 13일 중국계 캐나다인 약 1만 명이 몰려들었다. 이들은 중국 국기를 흔들고 국가를 부르면서 "티베트 분리·독립에 반대한다"고 외쳐댔다. "서방언론들은 왜곡보도를 중단하라"고 요구하기도 했다. 최근 50년 사이 중국계 캐나다인들이 벌인 최대 규모 시위였다.

같은 날 호주에서도 5,000명 이상이 천둥을 동반한 우천을 무릅쓰고 시위를 벌였다. 캐나다와 호주는 물론이고 비슷한 시기에 미국, 유럽 등지에서도 중국 유학생과 화교들이 릴레이 시위에 나서는 사상초유의 일이 벌어졌다.

네덜란드에서 처음 발생한 이 시위는 캐나다와 호주를 거쳐 며칠 사이 파리 1만여 명, 베를린 3,000여 명, 런던 3,000여 명, 비엔나 1,500여 명 등 삽시간에 전 세계로 번져갔다. 시위는 워싱턴, 샌프란시스코, 로스앤젤레스는 물론 일본으로도 확산됐다.

2008년 3월 티베트에서 벌어진 분리 · 독립 시위(중국에서는 폭동이라 정의)와 관련해 CNN, BBC 등 서방언론들이 왜곡 · 과장 보도를 했다며 항의하는 시위였다. 또 이런 보도로 인해 촉발된 베이징올림픽 보이콧 움직임과 성화봉송 방해를 반대하는 시위이기도 했다. 이들은 "미국 등 서방세계가 우려하는 것은 중국 내 인권문제가 아니다"며 "그들은 단지 잠재적인 경쟁상대에게 타격을 가하려고 정치술수를 부리고 있다"고 주장했다.

중국인들의 애국주의가 세계로부터 본격적으로 주목받기 시작한 시기가 바로 이때다. 당시 중국은 1908년 올림픽 유치를 처음 주장한 후 꼭 100년 만에 그 꿈을 이루게 되자 흥분으로 설레고 있었다. 5개 대륙을 돌며 역대 올림픽 중에서 가장 긴 13만 7,000㎞의 성화봉송을 계획한 것도 이런 흥분의 발로였다.

그런데 성화봉송 직전인 2008년 3월 티베트지역에서 분리 · 독립 시위 사태가 발생하자 중국 인권문제를 비난하는 전 세계 시위대가 성화봉송을 막아서기 시작했다. 프랑스에서는 올림픽 성화가 시위대와 몸싸움 도중

꺼져버리는 사상초유의 일까지 발생했다.

발끈한 중국인들은 이때부터 무서운 단결력을 보이기 시작했다. 세계 151개국 3,500만 명에 이르는 해외 화교들이 성화를 지키기 위해 들고 일어났다. 중국 국내에서는 프랑스의 대표적인 유통회사 까르푸를 상대로 한 불매운동이 전국으로 번졌다. 프랑스 관광보이콧 운동도 벌어졌다. 서울에서 베이징올림픽 성화를 봉송할 때 중국 유학생들의 폭력사태가 발생한 것도 이런 배경 속에서 이뤄진 일이다.

더구나 이런 일이 벌어지고 있을 때 중국 쓰촨성에서는 사상 최악의 대지진이 발생했다. 8만 6,000여 명이 사망하거나 실종된 이 대재앙을 맞아 중국인들은 '자신의 이익과 무관한 일이면 신경 쓰지 않는다'는 기존 태도에서 벗어나 '힘을 합쳐 위기를 극복하자'며 하나로 똘똘 뭉치기 시작했다.

쓰촨대지진으로 중국은 많은 것을 잃었다. 베이징올림픽을 앞두고 '질서 지키기', '문화시민으로 거듭나기' 캠페인을 전국적으로 막 시작하려던 시기에 쓰촨대지진이 발생하자 언론은 온통 재난 보도와 애도 분위기로 방향을 틀었다. 베이징올림픽을 활용해서 문화와 질서의식을 한 단계 높일 수 있는 기회를 놓친 셈이다. 하지만 그 대신 중국은 엄청난 재난과정에서 온 국민을 하나로 단결시킬 수 있음을 확인했다.

2007년 초 상하이시 중·고등학생 수백 명을 대상으로 중국 푸단대가

베이징올림픽의 상징인 냐오차오 메인스타디움

실시한 설문조사 결과가 중국인들을 경악케 한 적이 있다. 설문결과 고등학생 응답자 중 36.9%는 "미국인이 되고 싶다"고 대답했고 14.9%는 "일본인이 되고 싶다"고 대답했다. 중학생들에게서도 비슷한 응답이 나왔다. 개혁·개방 이후 서양문물을 동경하면서 자라난 중국 젊은 세대들의 무너진 국가관을 상징하는 설문조사 결과였다. 충격에 빠진 중국인들은 개탄의 한숨을 쏟아냈었다.

그로부터 2년 정도가 흐른 2009년 5월 〈인민일보〉가 대학생 1만 2,000여 명을 상대로 설문조사를 해봤다. 놀랍게도 응답자 중 75.4%가 "중국 국민이란 사실에 자부심을 느낀다"고 답했다.

누가, 어디서, 어떤 방식으로 조사하느냐에 따라 설문결과가 크게 달라질 수 있는 점을 감안하더라도 2년 동안 이뤄진 중국 학생들의 인식변화에는 놀라지 않을 수 없다.

베이징올림픽은 성공적으로 치러졌고, 중국인들의 자부심은 과거와 비교할 수 없을 정도로 높아졌다. 2006년 초 일본을 제치고 세계 1위 외환보유국으로 부상한 중국은 '돈 뭉치'의 힘으로 먼저 세계인을 놀라게 했다. 중국인들은 베이징올림픽이 문화강국으로서 중국의 새로운 모습을 보여준 계기였다고 자평한다. 2009년 건국 60주년을 맞은 중국은 이제 티베트사태, 쓰촨대지진, 베이징올림픽을 차례로 거치면서 새로운 나라로 진화하고 있다.

문화계 동향만 봐도 그런 흐름을 알 수 있다. 1949년 국민당과 함께 대만으로 건너가 '대만의 루쉰', '중국 민족의 양심'이라고 불린 유명작가 보양은 1984년 《추악한 중국인(醜陋的中國人)》이라는 저서를 통해 중국인들의 결점을 통렬히 비판했다. "우리 중국인의 추악함은 우리 자신의 추악함을 알지 못하는 데 있다"고 질타한 이 책은 중국인들의 문화적 자성운동을 상징하는 책이다. 1986년 중국에서도 발간될 정도로 화제작이었지만 오히려 그 때문에 곧바로 금서로 분류된 뒤 2004년에야 해제되는 곡절을 겪었다.

이처럼 1980년대까지 중국인들 사이에서는 문화적 자성운동이 관심을 끌었지만, 그 뒤의 흐름은 크게 달라졌다. 1996년 《'노'라고 말할 수 있는 중국(中國可以說不)》이 발간됐고, 2009년 3월에는 《중국은 불쾌하다(中國不高興)》가 발간돼 베스트셀러로 등극했다. 미국이나 서구 열강을 상대로 노골적인 불만을 표출하는 이런 책들은 중국인의 의식이 어떻게 변화해가고 있는지를 보여준다.

중국 우산 속으로 제3세계가 몰려든다

인도 남동쪽 스리랑카는 '동양의 진주'라고 불릴 만큼 아름다운 나라다. 그런데 이 나라는 타밀족 분리·독립 투쟁으로 26년 동안 내전을 벌였고, 2009년 5월에야 비로소 전쟁을 끝낼 수 있었다.

바로 이때 스위스 제네바에서 유엔 인권이사회가 열렸다. 미국, 독일, 프랑스 등 서방국가들은 "내전이 벌어지는 도중 스리랑카 정부군이 타밀 반군을 학살했다"며 스리랑카 정부를 비난하는 결의안을 채택할 예정이었다. 그러나 막상 회의가 열리자 유엔 인권이사회는 정반대의 결의안을 채택했다. "스리랑카 정부군의 내전 승리를 축하한다"는 내용이었다.

중국, 쿠바 등 비동맹 국가들이 수적 우세를 바탕으로 서방국들이 제출한 결의안을 폐기시키고 이와 정반대되는 결의안을 통과시킨 것이다. 이날 스리랑카 정부를 지지하는 결의안은 찬성 29개국, 반대 12개국, 기권

6개국으로 통과됐다.

몇 달 뒤에는 국제통화기금(IMF)이 스리랑카에 25억 달러에 이르는 차관을 지원하기로 결정했다. 이 또한 미국, 영국 등 서방국가들의 반대가 있었지만, IMF는 "대다수 아시아 국가들이 찬성한다"며 차관지원을 강행했다.

미국, 영국, 프랑스 등 서방국가들이 주도하던 국제질서가 근본적으로 바뀌고 있음을 보여주는 상징적인 사례 중 하나다.

미국이 아프가니스탄전쟁, 이라크전쟁 등을 거치며 일방주의 외교로 세계 각국과 마찰을 일으키는 동안 중국은 반미 국가 또는 반서방 국가들을 규합하는 구심점으로 성장했다. 특히 중국은 다른 나라 정부를 상대로 '내정불간섭' 원칙을 내세워 큰 호응을 얻고 있다.

아프리카 국가들이 자신들의 영향권 내에 있다고 생각해온 EU의회는 2008년 4월 "중국이 석유 등 원자재를 확보하기 위해 인권을 탄압하는 아프리카 정부들을 돕고 있다"는 내용으로 비난결의안을 채택했다.

그러자 바로 다음날 콩고민주공화국 조셉 카빌라 대통령은 "유럽이 우리를 가르치려는 듯한 거만한 태도를 보이고 있다"며 "중국이 유럽보다 더 중요한 파트너"라고 일갈했다. 그는 "콩고가 유럽뿐 아니라 한때 식민지 모국이었던 벨기에보다 중국을 더 중요한 파트너로 삼는 선택을 했고, 우리는 이 점에서 확고하다"며 유럽 국가들의 주장을 일축했다.

<EU보고서>에 따르면 중국과 아프리카 간 교역은 1995년 40억 달러에서 2006년에는 550억 달러로 14배가량 급증했다. 중국은 2010년까지 아프리카와 무역을 1,000억 달러 수준으로 끌어올리는 계획을 추진 중이다.

미국이 매년 세계 각국의 인권상황을 평가하고 비판하는 인권보고서를 발표하면 중국은 바로 다음날 '중국판 미국 인권보고서'를 발표하며 맞짱을 뜬다. 그중 대외정책과 관련해 주목되는 내용은 민주정치에 관한 가치관 대립이다. 중국의 주장은 이렇다.

"20세기 들어 서방세계가 개발도상국에 다당제와 자유선거 등을 억지로 주입시켜왔으나 개발도상국에는 부패가 여전히 만연해 있다. 서방의 다당제는 금권정치와 뗄 수 없는 관계이기 때문이다. 세계에서 가장 부패한 나라 10개국을 꼽으면 그중 9개국은 다당제를 도입한 나라다. 서방세계의 가치관이나 제도를 제3세계에 강제로 주입하려 하지 마라."

세계 경찰국가임을 자부하면서 국가제도, 선거절차, 사법행정까지 시시콜콜 훈수를 두려는 미국에 비해, 중국은 각 나라의 내부 문제는 그 나라 정부가 알아서 결정할 문제라는 태도다. 아프리카, 중남미, 동남아 등에서 중국의 인기가 높아진 것은 자연스런 결과다.

2007년 미얀마에서 군사정부가 반정부 시위를 무력으로 진압하고 승려들을 체포한 일이 발생했다. 여느 때처럼 미국, 유럽연합 등은 "미얀마 정부가 폭력을 중단하고 민주화 인사들과 대화를 해야 한다"며 또다시 제재조치를 논의했다. 그러나 미얀마는 눈도 꿈쩍하지 않았다. 앞서 10년 동안 서방국가들이 경제 봉쇄조치를 취했을 때에도 미얀마는 큰 어려움 없이 버텨낼 수 있었다. 미얀마에 영향력을 행사하라는 국제사회 압력에도 불구하고 중국이 '다른 나라 내정에 간섭하지 않는다' 는 원칙을 내세우며 미얀마와 경제협력을 지속했기 때문이었다. 미얀마와 국경을 맞댄 중국이 이처럼 미얀마와 경제협력을 이어가자 서방국들의 제재조치는 한마디로 무용지물이 되었다.

중국은 2009년 독일을 제치고 세계 최대 수출국가로 떠올랐다. 중국의 경제력이 세계에 거미줄처럼 뻗어 있다는 것을 의미한다.

그중 남미대륙 최대 국가인 브라질의 무역상대가 미국에서 중국으로 바뀐 사실은 상징적이다. 브라질의 가장 큰 무역상대국은 그동안 줄곧 미국이었으나 2009년 4월 중국으로 바뀌었다. 중국과 남미의 무역규모는 2000년만 하더라도 100억 달러 수준에 불과했지만 2008년에는 1,400억 달러로 급증했다.

세계 최대 외환보유국으로서 돈 주머니를 움켜쥐고 있는 중국이 중남미, 아프리카, 동남아에서 원자재를 쓸어 담기 위해 총력을 기울이자 중국과 이들의 관계는 더욱 상승작용을 일으키고 있다. 중국이 우루과이에서는 자동차를 생산하고, 코스타리카에는 축구경기장을 기부하고, 브라질 최대 석유회사에는 100억 달러를 투자하는 식으로 다가서고 있는 것이다. 존스홉킨스대 중남미전문가인 리오르단 로에트 교수는 2009년 "라틴 아메리카에서 미국이 가라앉고 있다면 중국은 떠오르고 있다"고 표현했다.

2006년 8월 대표적인 반미주의자로 통하던 차베스 베네수엘라 대통령은 베이징을 방문해 "세상 사람들이 20세기 가장 중요한 사건으로 미국의 달 정복을 꼽고 있지만 그보다 훨씬 중요한 것은 중국의 개혁·개방이다"라고 말했다. 중국과 중남미가 얼마나 가까워져 있는지 보여주는 발언이다.

미국 의회조사처 자료에 따르면 중국이 다른 나라에 원조한 금액은 2002년 5,000만 달러에 불과했으나 2007년엔 251억 달러로 급증했다. 중국 상무부 자료에 따르면 중국이 2007년 말까지 아프리카·아시아·남태평양 49개국을 상대로 채무를 탕감해준 사례만 374건에 이른다.

돈과 사람이 오고가다 보면 상호 이해도 깊어질 수밖에 없다. 이제 유엔에서 뭔가를 투표로 결정해야 한다면 미국은 영영 중국을 이기지 못하게 될지도 모른다.

중국의 군사력 확대로 '미국도 이제는 중국을 위협하기 힘들다' 는 사실이 분명해지자 미국과 마찰을 빚는 제3세계 국가들이 속속 중국의 우산 속으로 몰려들고 있다.

이란은 2009년 428억 달러에 이르는 엄청난 규모의 정유사업을 중국에 제안하며 참여를 요청했다. 원유가격 할인은 물론 8년간 세금 면제 등 각종 특혜까지 제공하는 사업제안이었다. 당시 이란은 핵개발뿐 아니라 대통령 선거과정에서 반정부 시위대를 유혈진압한 문제로 미국과의 관계가 매우 불편한 상태였다. 이런 상황을 타개하기 위해 중국을 끌어들여 친선관계를 돈독히 해두려는 전략으로 풀이됐다.

중국은 2001년 러시아, 우즈베키스탄, 카자흐스탄, 키르기스스탄, 타지키스탄 등 5개국과 함께 상하이협력기구(SOC)를 구성했다. 회원국 상호 간 신뢰와 우호 증진, 지역 내 평화·안보에 대한 공조체제 구축을 목표로 하는 이 기구는 유럽의 나토(NATO)와 비슷한 성격으로 발전하고 있다.

베이징에 본부를 두고 있는 상하이협력기구에는 이란, 파키스탄, 인도, 몽골이 회원국으로 가입하기 위해 오래전부터 옵저버로 참여하고 있다. 스리랑카, 벨리루스도 회원국으로 가입하기 위해 문을 두드리고 있다.

이 밖에도 제3세계 국가들을 중국의 영향권 아래로 얽어매는 모임은 수없이 많다. 1997년엔 동남아시아 10개국과 '중국-아세안 협력개발회의'를 창설했고 2002년부터는 라오스, 베트남, 캄보디아, 태국, 미얀마 등을 얽어 3년마다 한 번씩 '메콩유역정상회의'를 개최하고 있다.

중동지역과는 2005년 '중국-아랍협력포럼'을 창설한 데 이어 2008년에는 제1차 '중국-아랍 에너지협력회의'를 열고 있다. 아프리카와는 2006년 아프리카 48개국 정상을 베이징으로 초청해 '중국-아프리카 협력포럼'을 개최했고 2007년에는 아프리카개발은행(AfDB) 연차총회를 상하이에서 개최하기도 했다. 아프리카 국가들이 상호 경제발전을 도모하기 위해 설립한 아프리카개발은행의 연차총회가 아프리카 이외 지역에서 열리기는 2001년 스페인 총회에 이어 중국이 두 번째다.

이제 중국이 굳이 달려가지 않아도 제3세계 국가들이 중국의 우산 속으로 몰려드는 시대가 됐다.

국제 정치·경제 질서 중국 중심으로

중국은 세계무역기구(WTO) 가입 5주년을 맞는 2006년을 '중국 외교 풍년의 해'라고 자평했다. 실제로 이 시기에 중국은 강대국, 개발도상국 구분 없이 전 세계 정상들을 불러들였다.

앞서 밝힌 아프리카, 아세안, 러시아 등을 주체로 한 여러 모임 외에도 김정일 북한 국방위원장, 노무현 대통령이 연달아 중국을 방문했고 아베 신조 일본 총리도 취임 후 첫 방문국으로 중국을 찾았다. 그중에는 취임 후 4번째로 중국을 찾은 차베스 베네수엘라 대통령처럼 미국과 적대관계에 있는 국가정상들도 적지 않았다. '지구촌 사랑방'처럼 외국정상들이 쉴 새 없이 찾아드는 중국은 흡사 유엔을 옮겨놓은 듯했다.

이런 가운데 2006년 12월 베이징에서 처음 열린 '미·중 경제전략대화'는 중국의 위상변화를 가장 상징적으로 보여준 회의였다. 미국의 제안으로 개최된 이 회의에는 헨리 폴슨 재무장관을 비롯한 부시 행정부의 장관급 경제각료 7명과 벤 버냉키 연방준비제도이사회(FRB) 의장 등이 총출동했다. 세계경제질서가 더 이상 선진7개국 모임인 'G7'이 아닌, 미국과 중국, 즉 'G2'에 의해 주도될 것이란 사실을 보여주는 상징적 변화였다.

중국의 정치·경제적 위상이 높아지자 더 이상 중국을 빼놓고는 어떤 세계적인 문제도 해결할 수 없는 단계에 이르렀다.

1973년 오일쇼크로 경제위기가 발생한 직후인 1975년부터 소위 선진7개국(G7) 모임이 세계경제질서를 주도해왔다. 그러나 아시아외환위기 이후 개발도상국들의 역할이 중요해지자 1999년에는 G20 모임이 발족됐고 미국 발 금융위기 직후인 2008년 11월에는 미국 워싱턴에서 처음으로 G20 정상회의가 열렸다.

골드만삭스는 2027년쯤이면 중국, 러시아, 브라질, 인도를 일컫는 이른바 '브릭스(BRICs)' 4개국 경제규모가 G7국가를 추월할 것으로 예상했다. 개발도상국들의 경제적 위상이 이처럼 높아지고 있으니 세계경제질서를 주도하는 국가들의 모임이 달라지는 것은 자연스런 현상이다. 브릭스(BRICs) 4개국이 2009년 러시아에서 처음으로 정상회담을 개최한 것은 이런 세계경제질서 변화 속에서 주목되는 움직임이다.

세계질서에 큰 변화가 일고 있지만 항상 그 중심에는 중국이 있다. 각 나라들이나 대륙은 이제 다자간 모임을 통해 복잡하게 문제를 해결하기보다는 중국과 '1대1'로 만나 문제의 해법을 찾으려 하고 있다. 중국과 해법을 찾으면 나머지는 저절로 해결된다는 식이다.

우선 미국이 중국에 1대1 대화를 제의했다. 2006년 부시 행정부 때 시작돼 '미·중 경제전략대화'라는 이름으로 매년 두 차례 열리던 이 회의는 오바마 행정부 들어 그 회의 주제나 관료들의 참여범위가 한층 넓어졌다. '미·중 전략대화'로 이름을 바꿔 2009년 7월 워싱턴에서 열린 회의에는 미국 국무장관이 새로 포함돼 경제 문제뿐 아니라 외교, 안보, 환경 등 전 지구적 관심사들을 논의했다.

눈여겨볼 점은 이 회의의 주도권이 미국에서 중국으로 넘어가고 있다는 사실이다. 미국은 애초 위안화 평가절상을 요구하는 자리로 이 회의를 활용하고자 했다. 실제로 2006년부터 처음 3년 동안 미국은 "무역불균형을 해소하기 위해서는 위안화를 평가절상해야 한다"며 중국을 강하게 압박했다. 그러나 중국 외환보유액이 2조 달러를 넘어선 2009년부터는 전세가 역전됐다. 중국이 "달러를 팔아버릴 수도 있다"고 위협하면 미국은 위안화 평가절상을 요구하기는커녕 중국의 눈치를 살피는 신세로 전락한 것이다.

미국이 중국과 손잡고 G2시대를 끌어가려 하고 있는 마당에 EU, 일본, 러시아 등도 가만히 있을 리 만무하다.

EU는 중국의 최대 무역 상대방으로서 1998년 중국–EU 정상회담을 처음 개최한 이래 10년 이상 연례 정상회담을 갖고 있다. 물론 여기서도 중국의 발언권은 갈수록 두드러지고 있다. 2008년 12월 제11차 중국-EU 정상회의에 원자바오 중국 총리가 참석할 예정이었다. 그런데 회의를 며칠 앞두고 중국이 일방적으로 이 회의를 연기시켜 버렸다. 중국의 거듭된 경고에도 불구하고 EU순회의장국인 프랑스의 사르코지 대통령이 티베트 정신적 지도자 달라이 라마를 접견한 데 따른 불만표시였다. 중국은 2009년 5월 체코가 EU순회의장국을 맡은 뒤에야 이 회의를 속개했다.

러시아도 미국에 뒤지지 않기 위해 발 빠르게 움직였다. 2006년 3월 푸틴 러시아 대통령이 베이징을 방문해 후진타오 중국 국가 주석과 나란히 '러시아의 해'라는 독특한 행사를 열었다. 2006년에는 중국에서 '러시아의 해'를 열고 2007년에는 러시아에서 '중국의 해'를 열어 서로 우호를 다지는 과정이었다. 이때 중국을 국빈방문한 푸틴 러시아 대통령의 수행 방문단은 무려 800여 명에 이르렀다. 이 행사의 조직위원장도 양국 수석 부총리가 맡아 중국과 러시아가 이 행사에 얼마나 공을 들였는지 짐작할 수 있게 했다.

일본은 2005년 차관급 전략대화를 시작한 데 이어 2007년 12월에는 베이징에서 처음으로 고위급 경제 대화를 가졌다. 고무라 마사히코 외상을 단장으로 일본의 6개 부처 장관들이 참가하고 중국 측에서도 쩡페이옌 부총리가 단장으로 참가한 자리였다. 중국과 일본은 톈안문사태, 역사교과서 왜곡, 야스쿠니 신사 참배 등의 문제로 1998년 장쩌민 당시 주석이 일본을 방문한 이후 10년 동안 중국 국가주석이 일본을 방문하지 않을 정도로 관계가 소원했다. 그러나 양국은 중국의 영향력 확대와 더불어 급속히 가까워지고 있다.

2006년 취임한 아베 신조 총리가 미국을 제쳐두고 첫 방문국으로 중국을 선택한 사실이 그런 점을 반영한다. 통상 일본 총리들은 취임 후 한국과 미국을 먼저 방문했었다. 일본 신임총리가 중국을 첫 방문국으로 선택한 것은 제2차 세계대전 종전 이후 처음이었다.

2008년 대만에서 '수배령'을 내려놓은 인물이 세계은행 선임 부총재 겸 수석 이코노미스트로 취임했다. 린이푸 베이징대 경제학과 교수다.

세계은행 수석 이코노미스트는 앤 크루거, 스탠리 피셔, 로런스 서머스, 조지프 스티글리츠, 니컬러스 스턴 등 대대로 서방세계 석학들이 거쳐 가던 자리였다. 개발도상국 경제학자가 이 자리를 맡은 건 처음이었다.

더구나 린 교수는 대만군에서 귀순한 군인 출신이다. 중국과 가장 인접한 대만 진먼도의 주둔군 연대장이던 그는 1979년 대만군 병력배치도 등 기밀문서를 지니고 농구공에 의지해 2㎞ 떨어진 대륙으로 헤엄쳐 망명했다. 대만 측으로 보면 배신자다.

그는 중국에서 이름을 바꾸고 베이징대 경제학 석사, 미국 시카고대 경제학 박사, 예일대 박사 과정을 마친 뒤 중국으로 돌아와 승승장구했다. 대만은 2002년에서야 그의 행적을 알고 탈영과 적국 투항 혐의로 수배령을 내려놓은 상태였다. 이런 파란만장한 인물이 개발도상국 출신으로는 처음으로 세계은행 수석 이코노미스트에 오른 사실은 중국의 위상변화를 그대로 반영한다.

2005년부터 중국인들은 국제기구에서 두각을 나타내기 시작했다. 2005년 10월 당시 중국 교육부 장신성 부부장(차관)이 유네스코에서 집행이사회 의장으로 선출됐다. 중국인으로는 처음 국제기구 의장에 오른 사례다. 중국이 1972년 유엔에 가입한 이후 경선을 거치지 않는 유엔 직책에 간부로 활동한 사례는 있었지만 선거를 통해 국제기구의 고위직에 오른 것도 이때가 처음이었다.

한 번 물꼬가 터지자 그 다음부터는 일사천리였다. 2006년 11월 홍콩의 마거릿 찬 여사가 세계보건기구(WHO) 사무총장으로 선출됐다. 당시 WHO 사무총장은 한국인 이종옥 박사의 급서로 공석인 상태였다. 바로 다음 날엔 국제전기통신연합(ITU)이 총회를 열어 중국 정보통신연구원의 자오허우린 교수를 사무차장으로 선출했고 2007년 11월에는 세계무역기구(WTO)가 중국의 여성 변호사 장웨자오를 분쟁 대법관으로 임명했다.

국제기구에 중국인들의 진출이 늘어나고 있는 것은 '이제 중국의 참여 없이는 국제 문제를 해결하기 어렵다'는 공감대가 확산되고 있기 때문이다.

중국 군사력
태평양 · 인도양으로

인민해방군이 진화한다

2007년 1월 중국 쓰촨성 시창우주센터에서 위성요격미사일(ASAT)이 발사됐다. 이 탄도미사일은 지구 궤도 850㎞ 상공으로 날아가 폭 1.5m짜리 인공위성을 정확하게 파괴했다.

자신들이 쏘아 올렸던 낡은 기상위성을 격추하는 실험이었지만 미국의 충격은 작지 않았다. 그때까지만 해도 위성요격기술은 미국과 옛 소련만 가진 것으로 평가돼 왔었다. 1985년 미국이 위성요격 실험을 실시한 후 20년 만에 이뤄진 중국의 이 실험으로 미국은 우주전쟁이나 방어전략 구상을 근본적으로 수정해야 할 운명을 맞게 됐다.

핵공격으로부터 자국을 방어하기 위해 미국이 구축 중이던 미사일방어(MD)용 인공위성들도 중국이 마음만 먹으면 얼마든지 떨어뜨릴 수 있다는 사실을 증명했기 때문이다.

한국전쟁 당시 중국 인민해방군은 인해전술로 상징됐다. 인민해방군은 1927년 8월 저우언라이, 주더 등이 주도했던 난창(南昌)무장봉기를 건군 기념일로 삼고 있다. 그 당시만 하더라도 이들의 무기는 창과 칼이 전부였다. 1945년 병력이 90만 명으로 증가했을 때에도 소총은 겨우 37만 정에 불과해 군인 3명 중 1명만이 소총을 손에 쥘 수 있는 수준이었다.

그러나 2007년 건군 80주년을 맞은 인민해방군은 몰라보게 달라졌다. 우선 1980년대 중반부터 소수정예화·정보화·현대화를 기치로 내걸었다. 1985년 인민해방군 100만 명을 감축했고 1997년부터 3년간 50만 명을 줄였으며 2003년과 2005년에도 각각 20만 명을 줄였다. 한때 500만 명에 이르던 총 병력이 지금은 290만 명 수준으로 축소됐다.

병력 수는 줄였지만 국방예산은 해마다 두 자릿수로 늘려 2008년에는 4,177억 위안(611억 달러)으로 증액했다. 〈2008 중국 국방백서〉에 따르면 중국은 1978년부터 1987년 사이 국방비를 연평균 3.5% 증액하는 데 그쳤지만 1988년부터 1997년 사이에는 연평균 14.5%, 1998년부터 2007년 사이에는 연평균 15.9%씩 국방비를 증액했다.

최근 20년 동안 매년 두 자릿수로 국방비를 늘리고 있지만 같은 기간 중국 경제력이 급속하게 성장하면서 국내총생산(GDP) 대비 국방비 비중은 2007년 기준 1.38%에 불과하다. 미국 4.5%, 영국 2.7%, 프랑스 1.92%와 비교하면 여전히 낮은 수준이라는 게 중국 측 주장이다. 또 중국은 국방비 절대금액도 미국의 7.51%에 불과하다고 주장하고 있다.

중국은 1998년부터 2년마다 한 번씩 국방백서를 발행하면서 국방비 지출내역을 공개하고 있다. 2006년 발표한 국방백서에서는 인민해방군 조직, 각종 현황과 통계자료를 공개해 과거보다 진일보한 모습을 보이기도 했다.

그럼에도 다른 나라들은 여전히 의혹을 감추지 않고 있다. 미국, 일본, 유럽 등의 국방백서와 비교하면 질적으로나 양적으로 단순히 일반적인 현황을 소개하는 수준이기 때문이다. 특히 중국의 군함, 전투기, 유도탄, 잠수함 등에 관한 정보가 부족하다.

그래서 미국 국방부는 〈2006년 중국 군사력 보고서〉에서 중국 국방비가 중국 정부의 공식발표보다 2~3배 많은 700억 달러 또는 1,000억 달러라고 추정하기도 했다. 스웨덴의 스톡홀름 국제평화연구소(SIPRI)가 내놓은 연례 보고서도 중국 정부 발표와는 다른 내용을 담고 있다. 중국은 2008년 849억 달러를 국방비에 투입해 미국에 이어 세계 2위 군사비 지출국가에 오른 것으로 분석하고 있다.

물론 스톡홀름 국제평화연구소 분석에 따르더라도 미국은 2008년 전 세계 군사비 지출 중 약 42%에 해당하는 6,070억 달러를 국방비로 지출해 다른 나라와 비교할 수 없을 만큼 압도적 우위를 지키고 있다. 미국과 중국에 이어 프랑스가 657억 달러로 3위에 올라 있고 그 다음으로 영국 653억 달러, 러시아 586억 달러, 독일 468억 달러, 일본 463억 달러 순이다. 한국은 2008년 군사비 242억 달러를 지출해 11위에 올라 있다.

미국이 조지 W. 부시 전 대통령 재임기간 동안에만 국방비를 무려 71% 늘리며 압도적으로 앞서가고 있지만 최근 들어서는 사정이 달라지고 있다. 특히 세계 금융위기 이후 미국과 중국의 명암이 크게 엇갈리고 있다.

아프가니스탄과 이라크에서 전쟁을 일으키며 최고조에 이르렀던 미국 국방예산은 100년 만에 터진 금융위기를 맞아 제2차 세계대전 이후 처음으로 수축단계에 접어들었다. 민주당 버락 오바마 대통령이 집권하면서 이라크 철군계획을 발표하고 러시아에는 전략무기감축협정을 제안하는 등 다급하게 움직이고 있다. 엄청난 재정적자를 해결하려면 국방예산 삭감이 필수적이기 때문이다.

이에 비해 중국은 두둑한 자금력을 바탕으로 흔들림 없이 군사력을 확대해가고 있다. 중국 정부가 공식적으로 밝힌 국방예산은 2009년에도 702억 달러로 14.9% 늘어났다.

중국은 2006년 일본과 러시아를 제치며 세계 4위 군사비 지출국가로 올라섰고 2007년에는 영국, 2008년에는 프랑스를 차례로 제치며 세계 2위 군사대국이 되었다. 이제 미국과의 군사력 격차를 줄이는 일만 남은 셈이다.

1964년 10월 세계에서 5번째로 원자탄 폭파실험에 성공한 중국은 〈2008 중국 국방백서〉에서 신형 핵무기 연구를 중단했다고 밝히고 나섰다. 이미 2,000여 개의 핵탄두를 보유하고 있는 중국으로서는 핵무기와 관련한 선진기술은 충분히 확보된 만큼 더 이상 핵무기 개발 및 연구를 해야 할 필요성을 느끼지 않는다는 의미다.

또 중국은 대만을 겨냥해 배치했던 1,300기의 중·단거리 미사일을 감축하는 방안도 추진 중인 것으로 알려져 있다. 대만과의 관계가 개선됐기 때문이다. 실제로 대만을 겨냥한 미사일이 900기로 줄어들었다는 설도 나왔다.

중국이 이처럼 핵무기와 대만에 대한 전략을 수정하면서 그 대신 집중적으로 강화하고 있는 분야는 해군, 공군, 우주 군사력이다.

〈2008 중국 국방백서〉는 "2050년까지 세계 어떤 나라의 공격도 방어하고 격퇴할 수 있는 군 현대화 계획을 마무리하겠다"고 밝히고 있는데 해군력 강화는 그 첫째 과제 중 하나다. 서방 세력이 해안선을 봉쇄할 가능성에 대비한다는 게 명분이다.

중국 해군은 2009년 창설 60주년을 맞아 산둥성 칭다오에 미국, 한국

인민해방군의 쓰촨대지진 구조활동

을 비롯한 주요국 해군을 초청해놓고 대규모 해상 열병식과 함께 핵잠수함을 처음 공개했다. "중국의 핵잠수함은 공격용이 아니며 미국과 러시아에 비해 보유한 핵잠수함 수도 매우 적다"면서 국제협력을 강조했지만 일종의 무력시위이기도 했다. 중국 해군은 2009년 항공모함 건조에도 착수했다. 1호 항공모함 이름은 '베이징호'로 정해졌고 상하이 앞바다 창싱다오에 있는 장난조선소에서 제작되고 있다. '베이징호'는 6만 5,000톤급으로 영국이 건조 중인 엘리자베스호, 러시아 쿠즈네초프호와 맞먹는 중형급이다.

공군도 발빠르게 움직이고 있다. 중국은 2008년 초 미국 F-16 전투기에 필적한다는 평가를 받고 있는 최신예 자국산 전투기 '젠(殲)-10'을 실전 배치했다. 2015년까지는 이보다 성능을 한층 개선한 젠-13을 실전 배치한다는 계획이다.

우주 군사력도 빠르게 향상되고 있다. 중국은 35개의 인공위성을 연결해 2015년까지 전 세계를 24시간 내려다보며 위치추적, 기상관측, 자원탐사를 할 수 있는 '베이더우 항법시스템(COMPASS)' 구축에 본격 착수한 상태다. 미국이 운영 중인 GPS(위성위치확인시스템), 러시아가 구축 중인 글로나스(GLONASS), 유럽 국가들의 갈릴레오(GALILEO) 프로젝트와 경쟁하는 '지구촌 감시 인공위성시스템'이다.

미국, 러시아, 유럽이 금융위기를 맞아 군사력 확장경쟁에서 주춤하는 사이 중국 인민해방군의 전투력은 병력, 군사기술, 정보력 등에서 미국과의 격차를 빠르게 좁혀나갈 것임에 틀림없다.

대륙 밖으로 뻗어가는 인민해방군

중국 해군과 미국 함정이 2009년 3월과 5월 동중국해에서 잇따라 대치하는 사태가 벌어졌다. 무력충돌로 이어지지는 않았지만 해상에서 서로 밀어붙이는 일촉즉발의 위기상황이었다.

중국 외교부는 "미국 선박이 국제법과 중국법을 어기고 중국의 배타적 경제수역(EEZ)에서 허가 없이 작전을 수행하고 있었기 때문"이라며 비판했다. 이에 대한 미국 해군 측 설명은 "중국과 한반도 사이 해상에서 '일상적인 작전'을 수행하고 있었다"는 것이었다. 이 사건은 중국 해군력이 성장하면서 미군의 '일상적인 작전'이 더 이상 통하지 않게 됐음을 보여준다.

중국은 이에 앞서 2008년 말 아프리카 소말리아 해안에 구축함 2척과 보급선 1척을 파견하기로 했다. 이 해역에서 준동하는 해적을 소탕하고 자국 상선을 보호하기 위한 파견이라는 설명이었다. 창설 60주년을 맞은 중국 해군이 군사작전을 위해 국경 밖으로 파견된 첫 사례였다. 명나라 환관 정화가 동남아와 아프리카 30여개국을 원정한 이후 약 600년 만에 중국 해군이 다시 세계로 뻗어 나온 셈이다.

중국 해군의 활동영역이 넓어지는 것은 어찌 보면 당연하다. 중국은 원자재를 확보하기 위해 아프리카·중남미 오지까지 달려가고 있다. 남극도 예외가 아니다. 중국은 1984년 이후 2008년까지 남극을 24차례 탐험했고 2005년 1월에는 세계 최초로 남극에서 가장 높은 지역인 해발 4,093m의 돔아르고스에 도착했다. 영하 90도까지 내려가는 지구상의 가장 추운 곳인 돔아르고스에도 중국은 2008년 영구 과학기지를 건설하고 나섰다.

지구촌 구석구석으로 활동영역이 넓어지자 중국 해군의 관심사도 원유와 원자재 수송로를 안전하게 지키는 일에 초점이 맞춰지기 시작했다. 해상 운송로 곳곳에 해군기지를 건설하는 것은 그 첫 작업이다.

스리랑카 남부 함반토타에서는 중국 건설업체들이 대형 항구를 건설 중이다. 2010년 1단계 공사를 마치면 중국 군함과 상선들이 기항하는 곳으로 쓰이게 될 항구다. 건설비용 3억 6,000만 달러 중 85%를 중국 정부가 지원하고 있는 것은 바로 그런 이유 때문이다.

중국은 파키스탄 남서부 과다르항에 세계적인 시설을 갖춘 항구를 건설하고 있다. 중국은 한적한 어촌이었던 이곳에 2007년 물류 항구를 건설했고, 다시 해군기지와 석유기지로 확장해나가고 있다. 아프리카와 중동에서 실어온 석유를 중국 서부 신장지역으로 옮기는 송유관도 이곳에 만들어질 예정이다.

인도 서쪽 파키스탄에서부터 남쪽 스리랑카와 몰디브 · 모리셔스를 거쳐 동쪽의 방글라데시 · 미얀마까지 연결하는 중국의 석유 수송로 거점 확보 전략에 대해 서방언론은 '진주 꿰기'라고 표현했다. 아프리카와 중동으로부터 들여오는 석유를 안전하게 수송하기 위해 중국이 마치 목걸이를 두르는 것처럼 인도를 포위하고 있다는 뜻에서 나온 표현이다.

중국은 "건국 이래 한 번도 침략전쟁을 벌인 일이 없다"고 강조한다. 자신들의 국방정책은 '방어'에 초점을 맞추고 있다고 항상 강조한다. 한국전쟁 때 참전한 것도 동맹국인 북한을 돕기 위한 방어전쟁이었고 베트남,

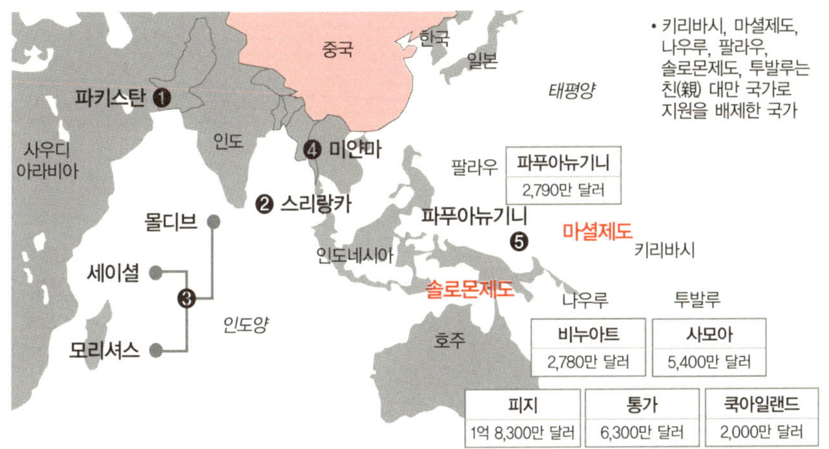

① 파키스탄 남서부 어촌 과다르에 국제 수준의 항구를 건설해 중국 해군의 기지로 활용 예정
② 중국의 군사 · 외교적 지원 아래 타밀 반구을 소탕, 남부 함반토타항을 중국 해군과 유조선 기항지로 제공
③ 인도양 섬나라들에 경제적 지원을 하면서 해군 기지와 기항지 확보
④ 군부 독재정권을 중국이 적극 지원하면서 미얀마의 최대 교역국으로서 미얀마의 풍부한 천연 가스를 저렴한 가격에 공급받음
⑤ 남태평양 섬나라들에 경제적 지원을 확대하면서 중국 엉향권 내에 편입

*2005~2007년 지원금. 단, 피지는 2006~2007년 지원금

인도와 벌인 국경전쟁도 방어전쟁이었다고 설명한다.

중국은 국방백서에서도 '평화공존 5개 원칙'을 내세우고 있다. 다른 국가들과 군비경쟁을 하지 않으며, 그 어떤 나라에도 군사적 위협을 가하지 않을 것이라고 천명하고 있다. 핵무기에 대해서도 "그 어떤 상황에서도 핵전력을 먼저 사용하지는 않는다"고 되풀이해서 강조하고 있다.

인민해방군이 그동안 국제 평화유지활동에 다양한 방식으로 참여해온 것도 사실이다. 1990년부터 2008년까지 18차례에 걸쳐 연인원 1만 1,063명을 평화유지군(PKO)으로 파견해 레바논, 리비아, 코소보, 아이티, 수단 등에서 활동했다.

핵무기비확산조약(NPT), 생물무기금지조약(BWC) 등 국제사회 규범에도 적극 참여하고 있으며, 2008년까지 150개국과 군사협력관계를 맺는 등 군사교류에도 적극적이다. 중국이 무관부를 설치한 국가는 109개국에 이르고 중국 내에도 98개국이 무관부를 설치해놓고 있다.

인민해방군 최고위 대표단은 2007~2008년 사이 40여 개국을 방문했고 60여 개국 국방장관과 합참의장이 그 기간 중 중국을 방문했다. 이 시기에 중국이 합동군사훈련을 벌인 국가만 20여 개국에 이르고 미국, 러시아, 영국, 인도, 남아공 등과도 14차례 해상합동군사훈련을 실시했다.

이처럼 중국은 방어와 협력을 강조하고 있지만 팽창하는 중국 군사력을 바라보는 주변국들은 불편할 수밖에 없다.

2009년 5월 미국 합참의장 마이크 멀린 해군대장은 "중국이 미국을 겨냥해 해군과 공군력을 증강하고 있다"며 "점증하는 중국의 군사력에 대처하기 위해선 미국이 한국, 일본, 호주, 뉴질랜드 등 태평양 동맹국들과 군사협력을 확대해야 한다"고 강조하기도 했다. 실제로 미국은 중국의 전력 증강에 맞서 오키나와에서 남중국해에 이르는 태평양 서쪽에 전력을 집중

하고 있어 양국 간 군사적 긴장은 날로 고조되고 있다.

미국이 이 정도 경계감을 표시할 정도라면 다른 나라들은 말할 나위도 없다. 일본, 호주, 인도 등이 중국에 맞서 잇따라 군비경쟁에 뛰어들고 있다.

중국 해군력이 인도양을 넘볼 정도로 막강해지자 인도가 해군력 강화에 박차를 가하고 나섰다. 인도 정부는 2009 회계연도 국방비를 전년에 비해 34% 늘린 1조 4,170억 루피(약 37조 원)로 책정해 다른 나라들을 깜짝 놀라게 했다. 인도는 2009년 7월 미국, 러시아, 영국, 프랑스, 중국에 이어 6번째로 자체 제작한 핵추진 잠수함을 시험 가동한 데 이어 앞으로 10년간 해군 군함 100척을 추가로 건조하는 계획도 발표했다. 2009년 기준으로 인도 조선소에서 건조 중인 군함과 잠수함이 32척에 달하는데, 이 밖에도 항공모함, 구축함, 프리깃힘, 수륙양용차 등 75척을 10년간 추가 건조한다는 계획이다.

호주 정부도 2009년 대대적인 군비확장 계획을 밝혔다. 2030년까지 해군, 공군의 전투력 강화를 위해 전투함, 전투기, 잠수함을 대대적으로 구입하는 내용이었다. 1,000억 호주달러(95조 원 상당)를 들여 잠수함을 늘리고 F-35 전투기 100대를 증강 배치하는 내용이 포함됐으며 호주에서는 처음으로 사거리 2,500㎞짜리 크루즈미사일 기지를 설치하는 계획도 내놓았다. 공군은 350억 호주달러(33조 원 상당)를 들여 오래된 전투기와 정찰기를 모두 교체하는 계획을 내놓았다.

호주 정부는 이때 발표한 〈아시아·태평양시대 호주 방어: 포스 2030〉이라는 제목의 국방백서에서 "미국이 더 이상 호주를 지켜줄 수 없기 때문"이라고 군비확장 배경을 설명했다. "미국의 시대는 끝나가고 있으며 대신 중국이 새로운 강자로 떠오르고 있어 역내 긴장을 고조시키고 호주 안보에 갑작스러운 위협을 주고 있다"는 게 호주 정부의 설명이었다.

여기에다 일본도 북한의 로켓발사와 핵실험, 중국의 군비확장을 명분 삼아 군비증강에 뛰어들 움직임을 보이고 있다. 중국의 군사 대국화와 북한 핵위협은 미국과 일본이 군사동맹을 강화하는 결과로도 이어지고 있다. 일본의 군사대국 야욕과 미국의 패권 유지라는 이해관계가 맞아떨어지기 때문이다.

중국은 앞으로 대만 문제와 동중국해 해양이권을 놓고 미국, 일본과 필연적으로 경쟁할 수밖에 없다. 중국-대만관계가 갑작스레 악화되고 미국이 대만에 무기를 공급하려 한다면 '동중국해에서 제2의 쿠바사태'가 일어나지 말라는 법도 없다. 미국이 과거 구소련에 맞서 쿠바해안을 봉쇄했던 것처럼 중국도 대만 해역을 전면적으로 봉쇄할 수 있을 만큼 해군력이 점점 확대되고 있다는 뜻이다.

세계의 눈과 귀를 잡아라
- 중국의 글로벌 언론 전략

'중국판 CNN' 만들어 선전전에 나섰다

2009년 중국은 아프리카와 중남미를 비롯한 제3세계 언론인들을 차례로 베이징에 불러 모아 세미나를 열었다. 세계 미디어산업에서 보다 큰 역할을 하자며 협력을 다짐하는 자리였다.

이때 중국과 신흥국 언론인들이 주장한 내용은 "세상의 목소리가 더 이상 CNN이나 BBC를 통해서만 전달돼서는 안 된다"는 것이었다. "국제뉴스 중 85%가 서방언론을 통해 들어오고 있는데 신흥국들의 다양한 관점이 뉴스에 반영돼야 한다"는 내용이었다.

1989년 톈안먼 사태 당시만 하더라도 민주화 시위를 벌이던 중국 대학생들은 서방언론의 보도에 무한한 신뢰를 보냈다. 미국 ABC방송은 1981년 서방언론으로는 처음으로 베이징에 지국을 개설했고 그 후 CNN, BBC, AP, AFP, 로이터 등이 차례로 중국에 진출했다. 이들은 획일적인 관영언론 보도에 익숙해져 있던 중국인들에게 세상을 읽는 다양한 시각을 보여줬다. 중국인들은 이런 서방언론에 매료됐다.

그런데 2008년 들어 상황이 급변했다. 그해 3월 발생한 티베트 독립시위 사태와 직후에 이뤄진 베이징올림픽 성화봉송을 놓고 외국언론들이 집중적으로 중국을 공격하자 중국인들이 발끈한 것이다.

서방언론과 중국인들이 충돌한 데에는 여러 가지 이유가 있다. 우선 중국 내에서는 언론자유가 제대로 보장되지 않는다. 미국 인권단체인 프리덤하우스가 2008년 4월 발표한 〈세계 언론자유 보고서〉는 195개 평가대상 국가 중 북한을 언론자유부문 꼴찌인 195위로 평가했고 중국은 181위에 올려놓았다. 중국의 언론자유는 소말리아, 르완다와 동일한 수준으로 평가됐다.

이런 상황 속에서 중국에 관한 취재경쟁을 벌이다보면 추측 보도나 오보는 피할 수 없다. 티베트 독립시위 보도과정에서 확인된 외국언론들의 몇 가지 오보나 왜곡은 중국인들을 자극하기에 충분했다. 예를 들어 BBC와 〈워싱턴포스트〉는 네팔에서 찍은 시위대 진압 사진을 중국 공안들이 티베트에서 시위대를 진압하는 장면이라고 둔갑시켜 보도하기도 했다.

서방언론과 중국인들이 충돌한 또 하나 중요한 이유는 중국의 경제력 상승과 더불어 중국인들의 애국심이나 자긍심도 과거와 비교할 수 없을 만큼 높아졌다는 데 있다. 이에 비해 서방언론은 여전히 중국을 과거의 잣대로 보려하는 데에서 충돌이 생겼다.

대표적인 사례가 티베트 사태 보도 당시 CNN 뉴스진행자인 잭 캐퍼티가 "중국인들은 쓰레기"라는 말을 내뱉어 중국인들을 격앙시킨 일이다. 이로 인해 미국 내 중국인들이 CNN 본부 앞으로 몰려가 시위를 벌이기도 했다.

2009년 신장위구르에서 유혈시위 사태가 벌어졌을 때에도 중국언론들은 서방언론의 이중 잣대를 거세게 비난했다. 중국 영문뉴스인 〈차이나데일리〉가 서방언론을 비판한 기사의 한 대목을 보자. "2005년 프랑스 파리에서 폭동이 벌어졌을 때 그들은 공권력을 투입해 질서유지에 나선 프랑스 정부를 지지하고 그들의 노력에 찬사를 아끼지 않았다. 1992년 미국 로스앤젤레스에서 인종 폭동이 벌어졌을 때에도 그들은 미국 정부가 질서 회복을 위해 모든 가능한 조치를 취하고 있다고 지원했다. 그런데 신장위구르 사태 때에는 폭도를 시위대로 표현하면서 중국 정부의 조치를 억압적인 진압으로 표현했다"고 적었다.

〈중국청년보〉는 한발 더 나아가 이렇게 적었다.

"폭동은 심각한 폭력 범죄다. 그럼에도 무고한 민간인을 살상한 폭동을 서방언론은 상호 갈등으로 왜곡한다. 그들은 항상 '더러운 유리창'을 통해 중국을 보고 있고, 오만과 편견에 사로잡혀 비전을 가리고 있다."

　중국을 비하하는 서방언론 보도나 오보·왜곡에 차곡차곡 불만을 쌓아오던 중국은 그동안의 수세적 대응을 2009년부터 공세적 대응으로 전환했다. 마침 2008년 말 미국 발 세계 금융위기가 터지자 미국 신문사들은 최악의 수난을 당했다. 2009년 상반기에만 105개 신문사가 광고수입 감소로 문을 닫았다. AP통신, CNN, 뉴욕타임스 등 서방의 메이저 언론사들도 인력을 감축하며 줄줄이 구조조정에 나섰다.

　이에 비해 중국 정부는 2009년 1월 450억 위안(약 9조 원)을 투입해 방송·통신·신문의 해외 취재망을 대폭 확충하기로 했다. 관영 신화통신은 세계 시청자들에게 영어로 24시간 국제뉴스를 방영하는 방송국도 개설했다. '중국판 CNN 뉴스' 또는 '중국판 알자지라 방송'이다.

　이는 그동안 주로 중국 뉴스를 해외에 전파해온 중국 중앙방송(CCTV) 해외 채널과는 달라진 것으로 그야말로 세계 뉴스를 중국 시각으로 해석하고 전달하려는 시도다. 중국 최고지도부가 티베트 독립시위 사태, 베이징올림픽 성화봉송 과정에서 중국을 집중 공격하는 서방언론에 자극받아 "세계 언론시장에서 중국언론의 영향력을 확대하라"고 특명을 내린 데 따른 결과다.

　이때까지 약 100개국에 해외지국을 설치하고 있던 신화통신은 이 지원

계획에 따라 해외지국도 186개로 늘리게 됐다. 사실상 세계 모든 나라에 특파원을 파견하게 된 셈이다. 한국의 대표적인 통신회사인 연합뉴스가 불과 30여 개국에 특파원을 내보내고 있는 것과 비교된다.

한국언론의 국제뉴스를 유심히 지켜보면 과거에는 일방적으로 AP, AFP, 로이터 등 서방 통신사를 인용한 기사가 많았으나 최근에는 신화통신을 인용하는 기사가 갈수록 늘어나고 있음을 알 수 있다. 그만큼 중국을 거쳐서 가공되고 전달되는 국제뉴스가 많아졌음을 의미한다.

신화통신뿐만이 아니다. 중국관영 중앙방송(CCTV)도 중국어, 영어, 프랑스어, 스페인어로 방영하던 4개 해외 채널 외에 2009년부터 아랍어와 러시아어 방송채널을 새로 도입했고 중국뉴스 송출 범위를 137개국으로 넓혔다. 영문뉴스, 영문주간지 발간도 대폭 확대하고 있다.

중국 정부와 관영언론들만 뛰고 있는 것도 아니다. 2009년 6월에는 상술이 뛰어나기로 유명한 중국 원저우지역의 어느 기업인이 영국 위성방송사 '프로펠러'를 인수해 중국인들마저 놀라게 했다. 유럽에서는 처음으로 100% 자체 프로그램만 방영해온 프로펠러는 2006년 공익자금을 기반으로 설립됐던 방송사다. 그런데 미국 발 금융위기로 경영난에 처하자 곧바로 중국 기업인이 달려들어 인수했고 그 후 이 방송은 중국을 유럽에 알리는 방송사로 탈바꿈했다.

이에 앞서 2006년에도 원저우 출신의 또 다른 중국 갑부가 아랍에미리트연합의 국영TV를 인수하기도 했다. 이 방송은 중동과 유럽 남부, 북아프리카 지역에 중국 관련 프로그램을 위성으로 송출하고 있다.

"문화적인 측면에서도 경제력 향상에 걸맞은 대접을 받길 원한다"는 중국 목소리는 2008년 미국 발 금융위기를 거치면서 더욱 위력을 발휘하고 있다.

중국언론이 세계로 영향력을 확대해가고 있지만 정작 중국 내 일반 주민들은 사실상 CNN을 비롯한 외국 방송채널을 볼 수 없다. 중국에서 일반 주민은 위성TV 수신기를 이용해 외국방송을 시청할 수 없고 3성급 이상 호텔만 정부가 허용한 범위 내에서 외국 TV채널을 방영할 수 있도록 돼 있기 때문이다.

'CNN을 비판할 자유는 있지만 CNN을 볼 자유는 없다' 는 말이 나오는 이유다. 2007년 기준 중국 광전총국이 호텔에서 방영할 수 있도록 허용한 외국 위성TV채널은 31개다. 이 중 미국방송이 CNN, HBO, CNBC, 블룸버그 등 14개로 가장 많고 봉황TV 등 홍콩채널이 8개로 그 뒤를 잇고 있다.

다만 중국에서도 여론을 주도하는 공간은 인터넷이다. 외국 방송이나 신문도 인터넷을 통해서는 거침없이 안방으로 파고드는 시대다. 중국 정부가 이런 중요한 공간을 그냥 구경만 하고 있을 리는 만무하다. 2008년 5월 반(反)서방 목소리를 드높이면서 해외 유학생, 화교들까지 줄지어 시위를 벌일 때 중국 인터넷에서는 '왕터(網特)' 와 '우마오(五毛)' 라는 별칭이

붙은 누리꾼들이 치열한 설전을 벌였다.

‘인터넷 특무’라는 뜻을 지닌 ‘왕터’는 서구적 가치관을 지니고 인권, 민주 등을 주장하면서 중국 현실을 비판하는 네티즌들이다. 국공내전 시절 국민당 인사들을 불렀던 명칭을 준용한 표현이다. 이에 비해 ‘우마오’는 한국말로 직역하면 ‘50냥’이라는 뜻이지만 굳이 말하자면 ‘어용’이라는 뜻을 담고 있다. 중국 정부를 대변하는 장황한 논리와 분석으로 인터넷 여론을 선도하는 누리꾼들이다. 확인되지도 않았고 확인할 방법도 마땅치 않지만 글 한 편을 올릴 때마다 5마오(약 90원)를 받는다고 해서 붙은 별칭이다.

이런 ‘우마오’들이 어느 순간 중국 인터넷뿐 아니라 세계 각국 인터넷으로 활동범위를 넓혀나가지 말라는 법도 없어 보인다.

앞으로 중국이 세계인들을 상대로 어떤 선전술을 펼칠 것인지 짐작해 보려면 베이징올림픽에서 중국 정부가 보여준 선전술을 되짚어보는 것도 좋은 방법일 수 있다.

당시 베이징올림픽 개막식에는 부시 미국 대통령, 푸틴 러시아 총리, 사르코지 프랑스 대통령 등 세계 84개국 정상들이 참석했다. 그런데 붉은 색으로 단장된 개막식 귀빈석에는 후진타오 주석, 장쩌민 전 주석 등 중국 지도자들만 호젓이 자리 잡았다. 외국 정상들은 귀빈석 주변의 일반석으로 배치했다. 비좁은 공간에서 베이징의 한여름 무더위를 이겨내기 위해 부채를 흔들어 대는 외국 정상들의 안쓰러운 모습은 귀빈석에 당당하게 자리 잡은 중국 지도층과 극명하게 대조를 이뤘다. 중국은 이런 장면을 전 세계 시청자들에게 생중계했다.

올림픽 개막식 바로 전날 베이징 인민대회당에서 열린 외국귀빈 환영오찬에서도 진풍경이 펼쳐졌다. 후진타오 주석이 오찬장 입구 광장에 나타나자 84개국 정상들이 후 주석을 앞에 두고 일렬로 도열했다. 행사장에 외국 정상들이 순차적으로 입장할 수 있도록 배려한 흔적은 없었다. 한꺼번에 도착한 부시 미국 대통령, 푸틴 러시아 총리 등 세계 80여 개국 정상들은 후 주석과 악수하기 위해 20분가량 초등학생들처럼 물끄러미 줄 서 있어야 했다.

그런 모습은 한 장면도 빠뜨리지 않고 중국 안방에 생중계됐다. '중국이 세계 중심' 이라는 인식을 부지불식간에 퍼뜨리는 선전술이라 할 수 있다.

중국은 1980년대 덩샤오핑 시대부터 도광양회(韜光養晦)를 대외정책의 기본 방침으로 삼아왔다. 자신의 재능이나 명성을 드러내지 않고 어둠 속에서 힘을 기른다는 뜻이다. 국제적으로 영향력을 과시할 수 있을 때까지는 침묵하면서 강대국들과 협력한다는 전술이다.

그러나 2000년대 들어 후진타오 시대에는 화평굴기(和平崛起)와 유소작위(有所作爲)로 대외정책의 기본방침이 바뀌고 있다. 화평굴기란 '평화롭게 대국으로 우뚝 선다' 는 뜻이고, 유소작위란 '적극적으로 참여해서 뜻한바 목적을 이룬다' 는 뜻이다.

이제 중국은 더 이상 어둠 속에서 힘을 기르려 하지 않는다. 신문·방송·통신을 이용해 세계에 중국의 뜻과 문화·가치관을 대대적으로 알리려 하고 있다.

중국어·중국문화를 세계에 전파하라

2007년 12월 세계 최대의 보물선으로 알려진 중국 남송시대 무역선 '난하이 1호'가 바다 위로 모습을 드러냈다.

중국 관영 CCTV가 인양작업을 전국에 생중계할 정도로 중국인들의 관심은 높았다. 시가 100조 원에 이르는 유물을 실은 것으로 추산된 이 무역선은 198/년 처음 발견된 지 20년 만에 인양됐다. 해저 20m에 묻혀 있던 이 무역선 인양작업에는 아시아 최대 규모의 특수크레인과 바지선이 동원됐다. 세계에서 발견된 고대 선박 중 선체 규모가 가장 크고 보존상태가 양호해 주목받은 보물선이었다.

중국은 장구한 역사와 광활한 영토를 자랑하듯 쉴 새 없이 새로운 문화유적을 발굴해 내고 있다. 2007년 11월에는 중국 저장성 고고학자들이 4,000년 전 고대 도시를 지하에서 발굴하기도 했다. 이탈리아 고대 도시인 폼베이보다 1.5배 넓은 유적이다. 이 도시가 발굴되면 "중국의 공식적인 역사가 기원전 2070년경 하(夏)왕조에서 출발한다"는 기존 역사교과서를 다시 써야 할지도 모른다.

중국은 2006년 '문화유산의 날'을 지정하고 문화재 보호에 박차를 가하기 시작했다. 이때 중국은 정부가 보호해야 할 문화유적 1,080곳을 추가 발표했다. 1961년부터 5차례에 걸쳐 중국이 발표한 기존의 정부보호 문화유적과 맞먹는 숫자다. 중국은 이미 유네스코가 1972년부터 등재하기 시작한 세계문화·자연유산에 이탈리아, 스페인에 이어 3번째로 많은 유산을 올려놓고 있다. 이 부문에서도 중국이 세계 1위로 올라설 날은 머지않아 보인다.

중국이 국내 유적을 보호하고 발굴하는 데에만 총력을 기울이고 있다고 생각하면 오산이다. 2008년 4월 중국 문화유물 156점이 덴마크에서 돌아왔다. 이들 고대 유물들은 하(BC 2100~BC 1600), 상(BC 1600~BC 1100) 시대에서부터 원·명 시대에 이르는 것들로 희귀품도 적지 않았다.

덴마크 경찰이 2006년 2월 코펜하겐에서 밀매단을 적발하고 압수한 것들인데 중국 국가문물국이 끈질기게 정부대표단을 파견하고 소송을 제기한 결과 돌려받게 된 것이다.

2000년 3월에는 오대십국시대(907~960) 무덤에서 도굴된 조각상이 미국 경매광고에 등장했다. 그러자 중국은 곧바로 미국에 압류를 요청한 뒤 지루한 법적·외교적 협상을 거쳐 결국 반환받았다.

유네스코에 따르면 미국, 유럽, 동남아 등지 200여 개 박물관에 전시되고 있거나 보관 중인 중국 문화재는 적어도 164만 점에 이른다. 대부분

1900년대에 약탈되거나 밀반출된 유물들이다. 더구나 중국 해안에서는 최근까지도 고대 침몰선을 몰래 인양해 밀거래하는 행위가 성행해왔다. 중국 국가문물국장이 2007년 언론인터뷰에서 "고대 보물을 실은 침몰선 수천 척이 중국 해역에 가라앉아 있다"며 "외국 밀거래업자나 골동품 수집상들이 최첨단 인양 장비를 동원해 보물을 훔쳐가고 있다"고 성토했을 정도다.

'중화민족 부흥'을 외치는 중국은 이들 문화유물을 보호하고 되찾는 데 머무르지 않는다. 세계를 휩쓸고 있는 서양문화에 맞서 동양문화 대표격으로 중국문화를 전파시키려 하고 있다.

세계 각지에 중국이 설립 중인 공자학원(孔子學院)은 그 전초 기지에 해당한다. 공자라는 이름을 사용하고 있지만 유교를 교육하는 것이 아니라 중국어와 중국문화를 전파하는 곳이다. 중국 정부가 매년 운영비 20~30%를 지원하는 이 교육기관은 2004년 서울에 공자아카데미라는 이름으로 처음 설립된 후 2009년 3월까지 81개국에 256개가 개설됐다.

공자학원 본부 관계자는 "2007년 세계 각국을 초청해 베이징에서 중국 학술대회를 열었을 때 공자학원을 개설해달라고 부탁해온 나라가 100개를 넘었다"고 소개하고 2010년까지는 공자학원을 500개로 확대할 것이라는 계획을 밝혔다.

중국의 정치·경제적 위상이 높아지면서 중국 문화나 중국어에 대한 세계인들의 관심이 높아지는 건 당연하다. 2006년 중국 방문에 나선 당시 푸틴 러시아 대통령은 "두 딸이 중국 전통무술인 우슈(武術)를 배우고 있고 그중 한 명은 중국어에 심취해 있다"고 소개하기도 했다. 이때 푸틴 대통령은 "많은 러시아 기업인은 이미 중국어 능력을 성공의 열쇠로 인정하고 있다"고 말하기도 했다.

세계적인 문화 · 스포츠행사도 중국에서 줄줄이 개최되고 있다. 2008년 베이징올림픽과 2010년 상하이 세계박람회(엑스포)는 그 대표적인 행사다. 세계 최대 규모를 유난히 좋아하는 중국은 베이징올림픽에 이어 상하이 세계박람회도 200여 개국과 국제기구를 초청해 역대 최대로 개최할 예정이다.

그 밖에도 중국에서 개최되는 국제행사는 헤아리기 어려울 지경이다. 중국이 2009년 독일을 제치고 세계 최대 수출대국으로 부상했으니 수출입 상품정보를 교환하는 무역박람회와 학술대회도 자연스레 중국으로 몰리기 마련이다.

그중 광저우에서 1957년부터 매년 두 차례씩 열리는 광저우교역회(일명 캔톤페어)에는 한 번 행사가 열릴 때마다 외국 바이어만 17만여 명이 몰려든다. 2009년 봄에 열린 105회째 광저우교역회에서 이뤄진 무역상담액만 300억 달러에 이른다. 이 행사가 열릴 때에는 광저우 시내 호텔 · 여관 숙박료가 2~3배로 치솟지만 중국 상품정보를 얻기 위해 전 세계에서 바이어가 몰려든다.

〈차이나뉴스〉에 따르면 이미 중국은 매년 4,000여 건에 이르는 각종 국제 전시회·박람회·학술대회를 개최하고 있다. 하루 평균 10여 건의 국제행사가 중국 땅에서 열리고 있는 셈이다.

중국은 지난 2007년 전시산업을 통해 140억 위안(약 2조 5,000억 원)을 벌어들였다는 추산을 내놓고 있다. 여기에 전시회를 통해 유발되는 관광·숙박·음식료 수요까지 감안하면 매년 1,200억 위안(약 21조 원)에 이르는 경제효과가 발생하고 있다는 계산이다. 외국 바이어나 학자들을 불러들여 중국 문화를 이해하도록 하고 전파시킨 효과는 여기에 계산되지 않았다.

2009년 7월 미국 상무장관과 에너지장관이 버락 오바마 행정부 출범 후 처음으로 중국을 방문했다. 이때 중국인들은 이들 2명의 장관에게 각별한 환영을 표시했다. 게리 로크 상무장관과 스티븐 추 에너지장관이 모두 화교출신이었기 때문이다. 미국에서 각료로 선임된 중국계 인물은 조지 부시 행정부의 일레인 차오 노동장관이 처음이었고 이들까지 3명에 이른다.

중국인의 해외이민역사는 원(元)나라 이전으로 거슬러 올라간다. 중국 사회과학원은 〈2007년 세계 정치와 안전 보고서〉에서 해외로 이민 간 화교인구를 151개국 3,500만 명으로 계산했다. 이 부문에서도 단연 세계 1위다.

유대인 못지않은 상술로 세계 곳곳에 '차이나타운'을 조성한 이들 화교는 2조 달러에 이르는 막대한 자본을 움직이며 각 지역 상권을 쥐락펴락하고 있다. 싱가포르 이광요 전 수상의 주창으로 1991년부터 '화교들의 경제올림픽'이라고 불리는 세계화상대회가 격년제로 개최되고 있는데, 이 대회를 각국이 서로 유치하려고 하는 이유도 바로 그 때문이다.

그동안 '경제적 강자'이면서도 '정치적 난쟁이'로 평가받던 세계 각지의 화교들이 본격적으로 정치에 뛰어들기 시작했다. 중국의 부상과 함께 그들의 정치·경제적 역할이 커졌기 때문이다.

150여 년에 이르는 중국인의 미국 이민역사에서 2006년 의회 중간선거는 중대한 전환점을 이루는 행사였다. 캘리포니아에서만 38명의 화교들이 선거에 입후보했다. 샌프란시스코에서는 사상 처음 화교가 캘리포니아 주 상원의원에 당선됐고, 하원의원, 시장, 주의원 등도 줄줄이 탄생했다.

동남아와 미국, 캐나다, 유럽뿐만이 아니다. 20만 화교가 거주하고 있는 남아프리카공화국에서도 2004년 25세의 화교가 국회의원에 당선된 것을 시작으로 여·야를 가릴 것 없이 화교들이 정계로 뛰어들고 있다.

캐나다의 화교 포털 사이트인 '글로벌 차이니즈 프레스(GCP)'에 따르면 그동안 세계 화교 중 총리와 장관급 고위직에 오른 인사만 9개국 23명에 이른다. 태국에선 2명의 총리가 화교의 후예로 알려져 있고 캐나다에선 1999년 화교 출신 총독이 탄생하기도 했다. 광둥성 출신 할아버지를 둔 우빙즈는 1999년 백인이 아닌 인종으로는 처음으로, 그리고 여성으로는 두 번째로 캐나다 총독에 올라 6년 동안 재임했다.

이들 화교출신 고위 정치인이나 관료들은 자신이 거주하는 국가의 이익을 대변하겠지만 이들을 지켜보는 중국인들의 자긍심은 대단할 수밖에 없다. 또 중국을 잘 이해하는 이들이 궁극적으로 중국문화나 가치관을 세계에 전파하는 데 중요한 역할을 하게 될 것이라는 사실은 의심의 여지가 없어 보인다.

PAX CHINA

Part. **02**

중국기업이 세계 산업지도를 바꾼다

중국이
우주로, 하늘로, 땅끝으로 질주한다

중국 우주개발, '스타워즈' 서막을 열었다

베이징올림픽 폐막 후 한 달이 지난 2008년 9월 25일 후진타오 국가 주석이 간쑤성 주취안 위성발사센터로 달려갔다. 중국인들의 눈과 귀도 온통 이곳으로 옮겨졌다. 발사센터 주변으로 관광객들이 몰려들면서 호텔과 숙소가 동났고 TV는 거의 하루 종일 우주선 발사준비 상황을 중계해댔다.

이런 축제 분위기 속에서 우주인 3명을 태운 '선저우(神舟) 7호'가 하늘로 솟아올랐다. CCTV 아나운서는 "미국에서는 챌린저호 폭발사고와 같은 대형 참사가 있었지만 중국에선 우주선 발사과정에서 한 번도 사고가 발생하지 않았다”며 흥분된 목소리로 발사장면을 생중계했다.

중국은 그동안 우주선 발사장면을 극소수 주요 인사들에게만 공개해왔다. 그러나 2007년 10월 24일 발사된 중국 첫 번째 달탐사위성 ‘창어(嫦娥) 1호’부터는 일반에 공개하기 시작했다. 그 만큼 우주선 발사에 자신감이 충만해졌다는 뜻이다. ‘창어 1호’ 발사 당시 800위안에 불과했던 발사장 관람권 가격이 ‘선저우 7호’ 때에는 1만 5,000위안(300만 원)까지 치솟을 정도로 중국인들의 관심도 높아졌다.

지난 1969년 미국 닐 암스트롱의 달 착륙이 세계 최강국 미국을 알리는 신호였다면 중국인들에게 위성발사는 새로운 차이나시대의 개막을 세계에 과시하는 사건들이다. 중국 정부는 국가 중요 행사가 있을 때마다 우주개발의 성과를 내놓으며 중국의 선진 기술을 자랑했다. 2007년 발사된 달탐사선 ‘창어 1호’는 후진타오 집권 2기 새 지도부 출범을 축하하는 행사였고 ‘선저우 7호’ 발사는 베이징올림픽의 성공적인 개최와 개혁개방 30년을 자축하는 행사로 볼 수 있다.

선저우 7호를 타고 지구 상공 343km 궤도에 안착한 중국 우주인들은 같은 해 9월 26일 미국과 러시아에 이어 3번째로 40분 동안 우주유영을 실시했다. 우주유영은 유인우주탐사를 위한 필수 과정으로 중국의 3단계 우주개발계획 중 2단계의 출발점에 해당한다. 중국은 2017년까지 달에 우주인을 보내고 2020년에는 독자적인 우주정거장을 건설해 우주개발계획의 3단계를 완료한다는 목표다.

선저우 7호는 중국의 전통 한약을 홍보하는 데에도 활용됐다. 리융즈 중국우주인센터 우주인의료감독의료연구실 주임은 이때 "우주인들이 비행도중 캡슐 형태로 만든 심장보양탕제 '타이쿵양신완'을 먹을 것"이라고 자랑했다. 그는 "양약과 달리 전통 한약은 부작용이 거의 없으며 우주인들이 스트레스와 피로에서 쉽게 회복할 수 있도록 도와준다"며 한약의 우수성을 강조했다.

중국은 '중국 항공우주산업의 아버지'로 불리는 미국 MIT 교수 출신의 첸쉐션(錢學森)이 1950년대 중반 미국에서 귀국하면서부터 우주 개발에 첫 발을 내딛기 시작했다. 지금까지도 첸쉐션은 '중국 항공우주산업의 아버지'로 추앙받고 있다.

미국 항공우주국(NASA) 연구소에서도 일했던 그는 누명을 쓰고 가택연금됐다가 1950년대 중반 영구 귀국했다. 그 뒤 1956년 중국 국방부 산하에 '제5연구원'을 설립하고 옛 소련에서 들여온 로켓기술을 바탕으로 중국 우주과학기술 기반을 놓았다.

1958년 마오쩌둥 전 국가주석의 지시로 위성 연구제작에 박차를 가했던 중국은 이후 문화대혁명과 경제적 문제로 인해 연구개발 성과가 주춤하기도 했다. 1973년 말에는 '수광 1호' 유인우주선을 발사하려다 예산 부족으로 계획을 보류한 뼈아픈 기억도 가지고 있다.

그 뒤 10년이 흐른 1986년에야 이른바 하이테크계획(863계획)을 다시 수립하고 우주항공산업 발전 프로젝트에 나섰다. 항공우주 분야는 863계획 7개 중점영역에서 두 번째로 이름을 올렸다. 중국은 이때부터 우주정거장 개발·응용, 대형 운반로켓·우주왕복선 개발에 박차를 가하기 시작했다.

이 같은 노력과 1990년대 이후 비약적인 경제성장을 바탕으로 1999년 11월 마침내 첫 무인우주선 선저우 1호를 쏘아 올렸다. 이어 2003년 10월 15일 첫 유인우주선인 선저우 5호를 발사했으며 2005년에는 두 번째 유인우주선인 선저우 6호 발사를 성공시켰다. 중국은 선저우 5·6호 발사 성공 이후 2006년 2월 정보, 바이오, 신소재, 우주산업 등 8개 분야 최첨단 기술개발에 나선다는 '국가중장기과학기술발전계획(2006~2020년)'을 발표했다.

중국의 우주개발기술이 얼마나 발전했는가는 그들이 우주개발에 쏟아 부은 비용대비 효과를 따져 봐도 잘 나타난다. 중국은 1992년 유인우주선 프로그램을 시작한 이래 불과 24억 7,000만 달러를 투자해 세계 3번째로 유인우주선 발사와 귀환에 성공했다.

이에 비해 미국은 1962년부터 1972년 사이 무려 250억 달러를 쏟아 부어 아폴로 프로그램을 성공했다. 상대적으로 저렴하지만 결코 성능에서 뒤지지 않는 중국산 제품들의 효과가 유감없이 발휘된 덕분이다. 미국이 달 탐사 이후 돈만 쓰고 얻는 것은 별로 없다는 비판에 직면했지만 중국은 이 같은 비난을 피하면서도 실익을 챙길 수 있는 기반이 있다는 뜻이다.

이미 연간 160억 달러에 이르는 예산을 사용하고 있는 미국 항공우주국 (NASA)은 누적된 재정적자로 달 탐사 예산을 조달하기도 쉽지 않아진 상태다. 그래서 미국이 우주개발 분야에서 중국과 협력하기 위해 손을 내밀 수 있다는 분석도 나오고 있다. 미국 국방부와 의회가 기술 유출 등을 두려워 해 이에 반대하고 있지만 언제까지 중국의 우주기술을 외면할 수 있을지는 의문이다.

중국의 우주관련 사업에는 중앙정부뿐 아니라 인민해방군, 연구소, 기업 등 다양한 조직이 유기적으로 연결돼 있다. 국무원 산업정보화부(MIIT) 산하에 국가항천국(CNSA), 중국과학원(CAS)과 같은 국가기관과 중국항천과기그룹, 중국항천과공그룹(CASIC) 등 2개의 국유기업이 우주사업을 주도하고 있다. 중국항천과기그룹은 유인우주선 '선저우호'와 발사로켓 '창청' 개발을 주도했고 중국항천과공그룹은 탄도무기, 정보기술, 위성응용기술 등을 주업무로 다룬다.

중국항천과기그룹(中國航天科技集團)은 동남부 하이난 섬에 2013년 완공을 목표로 우주발사센터 겸 항공우주테마파크 공사를 진행 중이다. 중국판 케네디 우주센터로 불리는 이 '원창 우주센터'가 완공되면 세계는 다시 한 번 중국을 주목하게 될 것이다. 관광객들이 우주선 발사장면뿐 아니라 우주관련 장비와 기술을 종합적으로 둘러볼 수 있는 세계 두 번째 테마파크로 중국 과학기술을 세계에 과시하는 장소가 될 것이다.

총 50억 위안(약 9,200억 원)이 투입되는 이 우주센터는 규모면에서 미국

플로리다주에 위치한 케네디센터를 능가할 것이라는 게 중국 측 설명이다. 중국 당국은 자국 위성과 해외 위성을 매주 한 차례씩 이곳에서 발사할 계획이어서 상당한 발사 대행 수입도 예상된다. 말 그대로 중국은 우주개발을 통해 돈이 되는 장사를 하게 되는 셈이다.

보잉·에어버스에 맞서는 中 항공산업

2009년 5월 중국 텐진에서 '메이드 인 차이나' 딱지를 붙인 대형 여객기가 하늘로 날아올랐다.

에어버스가 중국에서 처음 조립생산한 이 승객 150인승 A320항공기는 쓰촨항공에 인도됐다. 중국이 독자기술로 생산한 항공기는 아니지만 '메이드 인 저팬'도 등장하지 않은 대형 여객기 시장에 '메이드 인 차이나'가 비집고 들어왔으니 주목할 만한 사건임엔 틀림없다.

미국 보잉사의 독점에 대항해 영국·독일·프랑스가 1970년 설립한 에어버스사가 유럽 이외 지역에서 항공기를 생산한 것은 이때가 처음이다. 그 만큼 중국시장이 중요해졌다는 뜻이기도 하다.

텐진 에어버스 조립공장은 2009년 11대를 시작으로 2011년부터 매년 여객기 44대를 생산하게 되는데 이미 2016년 생산물량까지 예약주문이 끝난 상태다. 에어버스는 중국 내 조립생산을 통해 판매시장을 확보했다.

그럼 중국은 무엇을 얻었을까. 인력고용과 기술을 그 반대급부로 챙겼다.

중국은 그동안 외국 항공기 제작업체들에게 부품을 중국에서 생산하고 기술도 이전해달라고 줄기차게 요구해왔다. 에어버스도 앞으로 중국 내에서 부품생산을 꾸준히 늘려나간다는 계획이다. 비록 유럽에서 가져온 부품들을 조립생산하는 형태로 톈진 에어버스 공장이 가동되기 시작했지만, 이 공장가동을 계기로 톈진 항공산업은 헬리콥터와 무인항공기까지 새로운 도약을 꿈꾸고 있다.

중국이 대형 여객기 생산기술을 에어버스에만 의존하고 있는 건 아니다. 2008년 5월 중국 상하이에서 자본금 190억 위안(3조 5,000억 원)에 달하는 새로운 국유회사가 현판식을 갖고 출범했다. 바로 '중국상용항공기(中國商用飛机)'다. 보잉과 에어버스가 양분하고 있는 세계 여객기시장에 중국이 본격적으로 뛰어들기 위해 설립한 회사다

중국 국유자산관리위원회가 60억 위안을 출자하며 최대 주주로 참여했고 상하이 시정부, 바오스틸그룹, 시노캠그룹, 중국알루미늄 등 내로라하는 중국 대기업들이 주주로 참여했다. 바오스틸과 중국알루미늄이 주주로 참가한 것은 비행기 제작에 필요한 핵심 소재인 철강, 알루미늄 품질을 세계 최고 수준으로 끌어올리겠다는 의지를 담은 것이다.

그동안 중국에서 항공기 생산을 담당해온 중국항공공업 제1그룹(AVIC I)과 제2그룹(AVIC II)도 기술·자원·인력을 제공하는 방식으로 주주명단에 이름을 올렸다. 한마디로 중국이 국가역량을 결집시켜 대형 여객기

시장에서 승부를 걸겠다는 각오를 보여준 회사다.

장칭웨이 중국상용항공기 이사장은 "2014년에는 좌석 150석 이상, 탑재중량 100톤 이상인 대형 여객기 'C919'를 처음으로 선보이게 될 것"이라며 "2016년에는 중국이 개발한 대형 여객기가 항공노선에 투입되기 시작할 것"이라고 말했다. 중국은 이 항공기를 보잉737보다 성능이 우수한 제품으로 만들어 내겠다는 야심찬 계획이다.

중소형 여객기는 이미 중국산 비행기들이 세계 각국으로 팔려나가기 시작했다. 미국에도 수출되고 있다.

톈진이나 상하이에 앞서 2004년 시안에서는 옌량국가항공산업기지(CAIB)가 설립돼 항공기 · 엔진 제조 · 개발에 박차를 가해왔다. 이렇게 항공기 개발에 공을 들인 덕에 중국은 자체 개발한 70~90인승 중형 여객기 ARJ21-700을 2009년부터 납품하기 시작했고 미국에 수출하기도 했다. 벌써 수주물량만 2,000기를 웃돈다.

이에 앞서 중국은 자체제작한 50~60인승 여객기 '신저우-60'의 경우 2007년부터 잠비아, 콩고, 라오스, 짐바브웨 등에 수출해 왔다.

항공산업을 육성하려는 중국 정부의 야심은 '7대 핵심산업' 프로젝트에 반영돼 있다. 중국은 외국자본이 중국에 물밀듯 밀려들던 2006년 말 외국에 경영권을 내줘서는 안 되는 '전략적 7대 핵심 국유산업'을 처음 선정해 발표했다. 중국 국가자본이 절대적으로 통제해야 한다고 지정한 이 7대

전략산업에는 군수산업, 발전·전력망산업, 석유화학업, 통신업, 석탄업, 항공운수업, 해운업 등이 꼽혔다.

중국은 이들 7개 전략산업 외에도 장비제조업, 자동차, 전자정보, 건축, 철강, 유색금속, 화학, 감리설계, 과학기술 등을 국가경제에 기본이 되는 지주산업으로 분류해 국가자본이 강력한 통제권을 행사하는 청사진을 그려놓았다. 2009년에 내놓은 10대 산업 진흥책도 이런 틀에서 크게 벗어나지 않았다. 중국은 2010년까지 이들 산업에서 세계적으로 강력한 경쟁력을 지닌 30~50개 국유기업을 육성한다는 계획이다.

사회변화와 더불어 중국 수송수단에서 철도가 차지하는 비중은 점차 줄어들고 자동차와 항공기 비중은 갈수록 증가하는 추세다. 이에 따라 중국 내 국제공항은 2009년 현재 147개에서 총 2020년까지 97개가 새로 지어져 244개로 증가한다. 중국 내 민간여객기 보유대수도 최근 10년간 2배 이상 늘어났고 20년 뒤엔 4배로 늘어날 전망이다.

이처럼 중국의 항공수요가 폭발적으로 늘어나자 중국에 진출해서 항공기를 공동개발하려는 해외 항공기·엔진업체도 크게 늘었다. 에어버스 외에도 보잉, 엠블라이어, 유로헬리콥터, 벨·엑스터, 롤스로이스, GE, P&W, 하니웰 등이 중국에 진출했거나 진출을 추진 중이다. 부품을 중국에서 생산 중인 해외 항공회사들도 적지 않다.

광활한 시장과 우수한 노동력을 보유한 중국이 기술을 확보하는 건 그저 시간문제일 뿐이다.

중국 고속철도가 전 세계를 연결한다

2009년 8월 중남미 베네수엘라가 고속철도의 건설사업자를 선정했다. 석유사업을 제외하면 베네수엘라 건국 이래 최대 국책사업으로 2011년까지 75억 달러를 투입해 고속철도 468㎞ 구간을 건설하는 대규모 사업이었다.

베네수엘라가 선택한 고속철도는 그동안 세계 고속철도시장에서 대장 노릇을 해온 일본 신칸센도, 프랑스 TGV도 아니었다. 중국철도공정총공사가 사업자로 선정됐다. 프랑스, 독일, 일본이 주도해온 고속철도시장에 중국이라는 대형 변수가 등장한 것이다.

국내 사람들 중에서는 설마 하는 사람이 있을지 모르지만 이미 중국의 고속철도기술은 세계 최고 수준에 이르렀다. 중국은 베이징올림픽 개막을 1주일 앞둔 2008년 8월 1일 베이징과 톈진사이 117㎞ 구간에 자체기술로 시속 350㎞급 고속철도를 개통했다. 이 탄환 열차 운행으로 베이징–톈진 간 열차 운행시간은 70~80분에서 30분으로 대폭 단축됐다. 중국은 "이 노선에 투입한 고속열차를 자체 제작함으로써 세계 4번째로 고속열차를 제작할 수 있는 국가가 됐다"고 환호성을 올렸다.

베이징–톈진 고속열차는 베이징–상하이 1,318㎞ 구간에 건설 중인 고속열차의 시험구간에 해당한다. 2006년 말 착공된 베이징–상하이 간 고속열차는 1,300억 위안을 투입해 2011년 개통하게 된다. 이 고속열차가

베이징-톈진 고속열차

완성되면 베이징-상하이 간 열차 운행시간은 10시간에서 5시간으로 단축
된다. 중국 철도부는 자산규모 440억 달러의 베이징-상하이 간 노선을 지
주회사체제로 개편해 증권시장에 상장하는 방안도 검토하고 있다.

이에 앞서 중국은 2007년 4월 상하이-난창 노선 등 18개 구간에 시속
200~250㎞에 이르는 고속열차를 투입했다. 고속열차 투입으로 중국 철
도에서 시속 200㎞ 이상인 구간은 이 당시만 해도 모두 6,849㎞로 늘어났
다. 이중 친황다오-선양, 칭다오-지난, 정저우-우한 노선 등 846㎞ 구간
에는 시속 250㎞로 달리는 고속열차가 운행되고 있다.

중국은 상하이 푸둥국제공항 인근 30㎞ 구간에 최고시속 430㎞를 낼 수 있는 자기부상열차도 시범구간을 건설해 2006년 4월부터 운행을 하고 있다. 향후 시속 500㎞의 초고속 자기부상열차 선로와 차체뿐 아니라 이와 관련된 열차의 유도, 견인, 운행 통제기술, 시스템 등을 종합적으로 연구개발해 고속 자기부상열차의 설계기술과 표준체계를 확립할 계획이다.

중국 정부는 2007년 2월 자기부상열차, 풍력발전, 바닷물담수화기술 등 147개 핵심기술 연구개발을 위해 향후 5년간 300억 위안을 투자한다는 계획을 발표했다. 중점 개발할 핵심기술 프로젝트 가운데 자기부상열차, 풍력발전, 바닷물담수화기술 등은 그중에서도 우선적인 50개 프로젝트로 분류됐다.

중국 철도산업은 2008년 세계 금융위기로 오히려 큰 기회를 잡았다. 경기를 부양하고 고용을 늘리기 위해 중국 정부가 대대적인 철도투자에 나서기로 했기 때문이다.

중국은 당초 11차 5개년 계획기간(2006~2010년) 중 철도건설에 1조 2,000억 위안을 투입할 예정이었다. 이는 2001~2005년 사이 투자한 금액의 4배에 해당한다. 중국 국무원은 2008년 10월 이런 투자계획을 수정해 2010년까지 2조 위안(약 400조 원)을 철도건설에 투입하도록 승인했다.

원래 투자계획을 그대로 집행해도 2008년 철도 투자액은 2007년보다 37.8% 늘어날 예정이었고 2009년에는 또다시 39.8% 늘어날 예정이었다. 여기에 경기부양을 위해 투자액이 추가됐으니 중국 전역에서 철도 건설 붐이 일어났다.

중국은 이런 대대적인 투자를 통해 2012년까지 철도 2만 5,000km를 추가해 총연장을 11만 km로 늘린다는 계획이다. 이 중 주요 구간은 시속 200km 이상 고속철을 투입해 전국을 1일 생활권으로 묶는다는 방침이다.

중국인 특유의 상술도 움직이기 시작했다. 중국 철도부는 베이징올림픽 이후 2009년 상반기까지 30여 개국 국가지도자들을 초청해 베이징-톈진 고속철도를 시찰하도록 주선했다. "그중 특히 미국, 브라질, 인도가 중국 기술에 큰 관심을 보였다"며 이들 국가에 고속철도 프로젝트를 수출하기 위해 전력 질주하고 있다.

150년 전 미국이 대륙횡단 철도를 건설할 때 중국인들은 부족한 노동력을 채우는 수단으로 미국행 이민 길에 올랐다. 그러나 이제 미국이 경기부양 예산을 80억 달러 배정해 로스앤젤레스-라스베이거스 등 6개 구간에 고속철도를 건설하려 하자 이들에게 기술을 수출할 꿈에 부풀어 있다.

더구나 고속철도를 건설하려는 국가는 러시아, 중동, 중남미 등 개발도상국으로 확대되고 있다. 그동안 이들 개발도상국과 돈독한 관계를 유지해온 중국의 발걸음은 더욱 빨라지고 있다.

중국은 해양사업 개발에도 박차를 가하고 있다. 2010년까지 세계 최초로 해저 7,000m까지 탐사할 수 있는 유인 심해잠수정을 해저로 내려 보낼 계획이다. 이 심해 잠수정은 이미 기본적인 개발을 마친 상태다. 현재 전 세계에서 유인 심해잠수정을 보유하고 있는 국가는 미국과 일본, 프랑스, 러시아 등 4개국뿐이며 최대 잠수 깊이도 6,500m에 그치고 있다.

중국이 해양강국으로 부상하기 위해 발표한 '국가해양산업사업발전계획요강'에는 2010년까지 해양 총생산량을 국내 총생산(GDP)의 11% 이상으로 끌어올리는 계획이 담겨있다. 또 해양산업에서 연평균 100만 명의 고용을 새로 창출하는 것을 목표로 해양 자원 개발과 탐사에 적극 나서는 계획도 담겨있다. 남극대륙에 과학기지를 건설하고 하루 5만 톤 생산능력의 해수담수화 장치를 국산화하며 해양 항해 · 환경 위성을 발사하는 것도 준비하고 있다.

핵심전략산업을 육성하려는 중국의 거대한 비전은 우주, 항공, 고속철, 해양 등에서 세계 최고를 지향하며 무서운 속도로 영글어가고 있다.

자동차, 조선, 철강
글로벌 1위 넘본다

자동차산업 미국 제쳤다

세계에서 자동차가 가장 많이 팔리고 있는 나라는 어디일까. 제너럴모터스(GM)·포드·크라이슬러의 고향인 미국을 흔들리지 않는 자동차 최강국으로 기억하는 사람들이 많을 것이다. 도요타·혼다가 건재한 일본, 폭스바겐·벤츠·BMW로 대표되는 독일을 꼽는 이들도 있겠지만 안타깝게도 모두 틀렸다. 10여 년 전만 해도 자동차 변방국이었던 중국이 전 세계 자동차 판매시장 1위에 오르면서 세계인들을 놀라게 하고 있다.

2009년 상반기 중국에서 팔린 신차 대수는 610만 대로 2008년 같은 기

단위: 천 대,%

국가	생산 대수	비중
일본	11,564	16.2
중국	9,345	13.1
미국	8,681	12.1
독일	6,041	8.5
한국	3,827	5.4
브라질	3,214	4.5
프랑스	2,601	3.6
스페인	2,542	3.6
인도	2,327	3.3
멕시코	2,178	3.0

자료: 한국자동차공업협회

간에 비해 17.7% 늘어났다. 그 기간 중 미국에서 신차 판매량은 481만 대였다. 중국이 미국을 제치고 세계 최대 자동차시장으로 부상한 것이다.

과거 도로를 가득 메운 자전거로 상징되던 중국에서 '마이카 열풍'이 일고 있다. 2009년 6월 한 달 동안 판매된 차량만 114만여 대로 1년 전에 비해 36.5% 늘어났다.

2008년 하반기 불어 닥친 글로벌 금융위기로 전 세계에서 자동차 수요가 급격히 줄어들었지만 중국에서는 자동차가 날개 돋친 듯 팔려나갔다. 중국은 미국 발 금융위기가 터졌을 때 대대적인 철도 건설로 경기부양에 나선 바 있다. 그 이전인 1997년 아시아 외환위기 때에는 전국에 고속도로를 건설하며 위기극복에 나섰다.

그 결과 2007년 말 중국은 전국을 5개 남북 종단도로와 7개 동서 횡단도로로 연결하는 '5종(縱)7횡(橫) 프로젝트'의 골격을 완성했다. 전국을 동서남북으로 연결한 5종7횡 간선도로는 총 연장 3만 5,000㎞로 이 중 76%인 2만 6,600㎞가 고속도로다. 중국이 아시아 외환위기 때 착공한 고속도로는 2002~2007년 사이 집중적으로 완공됐다. 이때 완공한 고속도로는 2만 8,000㎞로 그 이전에 15년 동안 완공한 고속도로보다 많았다.

중국이 2007년 한 해에 완공한 고속도로는 8,300㎞인데 2007년 말 한국의 고속도로 전체 길이는 3,368㎞였다. 한국이 반세기 동안 건설한 고속도로의 2.5배를 중국은 단 1년 만에 뚫은 셈이다. 길이 뚫리고 주민들의 소득이 늘어났으니 자동차 수요가 늘어난 것은 당연한 결과다.

중국은 자동차 생산에서도 두각을 나타내고 있다.

1998년에만 해도 162만 대로 10위에 턱걸이를 했던 중국 자동차 생산량은 매년 순위가 약진하며 2002년에는 325만 대로 한국을 제치고 세계 5위권에 진입했다. 2008년에는 934만 대를 생산해 미국을 제치고 일본에 이어 2위 자동차 생산대국으로 뛰어올랐다. 자동차 판매는 물론 생산에서도 중국이 미국을 압도한 것이다. 금융위기로 도요타 등 일본 자동차 업체들이 줄줄이 감산에 들어간 2009년에는 중국이 자동차 생산에서도 세계 1위에 오른 것으로 추산된다.

이제 중국 자동차 회사들은 국내를 뛰어넘어 세계 자동차시장을 정조준하고 있다. 2006년 10월 중국의 BMW합작 자동차회사인 브릴리언스(BCA)가 독일에 5년 동안 자동차 15만 8,000대를 수출하는 계약을 체결해 사람들을 깜짝 놀라게 했다. 160억 위안(약 3조 원)에 이르는 이 계약을 통해 브릴리언스는 자체모델인 '중화'로 독일뿐 아니라 네덜란드, 벨기에, 스위스, 폴란드 등 유럽 전역의 소형차시장을 공략하고 나섰다.

그동안 후진국인 아시아·중동·아프리카시장을 공략하는 데 그치던 중국 자동차가 이처럼 유럽시장을 공략하고 나서자 중국 자동차산업을 바라보는 시선도 달라지게 됐다.

중국산 자동차가 한국 도로에서도 운행되고 있다는 사실을 아는 사람들은 몇이나 될까. 2006년 12월 중국 저장성의 진화네오플랜자동차(金華 NEOPLAN)는 2층짜리 고급 여객용 버스 2대를 한국에 판매했다. 아직까지 중국 자동차들이 한국시장에 본격 진출할 단계는 아니지만 중국산 승용차가 한국 도로에 나타날 시기도 머지않은 것으로 보인다.

현대차를 비롯해 폭스바겐, GM, 도요타 등 세계 굴지의 자동차회사들이 대부분 합작으로 진출해 있는 중국에서 중국 자동차회사들의 기술력도 빠르게 진화하고 있다.

세계적인 투자 귀재 워런 버핏은 2008년 9월 중국 자동차회사인 BYD(比亞迪)에 2억 달러를 투자해 주목을 받았다. 배터리업체로 출발해 자동차회사로 발돋움한 BYD를 그때까지 주목한 외국인은 거의 없었다. 그러나 BYD는 그 후 배터리 제조 부문의 우세를 기반으로 전기자동차 메이커로 부상하고 있다. 2009년 BYD는 후난 메이더(美的·Midea)그룹의 버스·승합차 부문을 인수해 대체연료 버스생산에도 나설 계획을 밝혔다.

2009년 8월 국제자동차제조업협회가 2008년 생산량을 기준으로 세계 30대 자동차회사를 발표했는데 이 중에는 이치(一汽), 창안(長安), 둥펑(東風), 베이치(北汽), 치루이(奇瑞), 상치(上汽), 화천(華晨), 하페이(哈飛) 등 중국 자동차회사 8개사가 포함됐다. 이 때 집계한 생산량은 합작생산품을 제외하고 독자브랜드 제품만 계산한 것이어서 중국은 큰 의미를 부여했다.

중국 자동차시장이 폭발적으로 성장하고 있는 만큼 매년 4월 열리는 베이징 모터쇼도 그 규모가 급격하게 커지고 있다. 2008년 10회째를 맞은 이 행사의 전시장 면적은 18만 ㎡에 달했고 1,800여 개 중국기업과 18개국 225개 외국기업이 참가했다. 이 때 전시된 890개 신모델 중 중국이 독자 개발한 모델은 3분의 1을 차지했다. 과거 마티즈를 통째로 베껴 짝퉁 천국이라는 비난을 받았을 때와는 크게 달라진 모습이다.

물론 아직까지 중국의 자동차 연구개발 능력이나 독자브랜드 개발력은 미국, 일본에 비해 약한 게 사실이다. 또 중국 내 자동차회사가 100개를 웃돌 정도로 소규모 회사가 난립해 있는 것도 문제다. 대부분의 지방 정부들이 경쟁적으로 자동차 생산에 뛰어들고 독려하면서 생긴 현상이다. 중국 정부가 자동차산업 구조조정계획을 수시로 언급하고 있는 것도 바로 이런 이유 때문이다.

글로벌 금융위기 이후 세계 자동차산업에는 과거에 볼 수 없었던 '큰장'이 만들어졌다. 볼보, 오펠, 델파이 등 유명 자동차, 부품회사들이 줄줄이 매물로 나왔다. 막강한 자금력을 가진 중국회사들은 과거 쌍용자동차를 인수할 때 경험했던 것과 같은 경계의 눈초리를 느끼지 않고도 마음껏 인수전에 뛰어들 수 있게 됐다.

2009년 쓰촨 중장비제조업체 텅중(騰中)중공업이 미국 제너럴모터스(GM)로부터 '허머' 브랜드를 인수한 것은 미국, 중국은 물론 다른 나라에서 볼 때도 큰 사건이다. 이 외에도 지리(吉利)자동차가 미국 포드 산하 브랜드인 볼보 인수전에 뛰어들었고 베이징자동차(BAIC)도 GM 자회사인 오펠을 인수하는 경쟁에 뛰어들었다. 중국 자동차회사들로서는 인수합병을 통해 기술력과 브랜드를 한 단계 도약시킬 기회를 잡은 셈이다.

한국 · 일본 위협하는 바오산철강 · 중국선박

중국 경제중심지인 상하이 북쪽 끝자락에 자리잡은 바오산철강(寶山鐵鋼) 공장은 마카오 면적과 맞먹을 정도로 넓다. 그렇게 큰 공장이지만 아직도 잇단 인수합병을 거치며 다른 지역으로 끝없이 영토확장을 해가고 있다. 2008년에 광저우강철, 샤오관강철을 인수했고, 앞서 2006년에는 신장 빠이강철을 합병하며 빠르게 몸집을 불렸다.

조강 생산량 세계 5위 수준에 머물던 바오산철강은 이런 인수합병에 힘입어 2008년 말에는 아르셀로미탈과 신닛테쓰에 이어 세계 3위로 우뚝 섰다. 연간 생산량은 3,544만 톤 정도로 늘었다. 덩샤오핑이 개혁·개방에 나서던 1978년 12월 설립해 첫 삽을 뜬 지 딱 30년 만이다.

경제위기 여파로 세계 2위인 신닛테쓰 생산량은 다소 줄어들 것으로 예상돼 바오산철강이 세계 2위로 올라서는 것은 시간문제다. 세계 10대 철강업체 중에는 바오산철강 외에도 중국 업체 3개가 더 포함돼 있다.

한단강철과 탕산강철 등 군소철강사들을 끌어들여 만든 허베이철강그룹(河北鋼鐵集團)이 2008년 말 3,300만 톤을 생산해 세계 6위에 올랐다. 광시성 방청항에 1,000만 톤 규모 일관제철소를 건설 중인 우한강철그룹(武漢鋼鐵集團)이 2,773만 톤을 생산해 세계 7위로 뒤를 쫓고 있고, 장쑤 사강그룹(沙鋼集團)이 2,330만 톤으로 9위권에 들었다.

중국의 철강산업이 발전하면서 2006년부터 세계 철강시장이 요동쳤다. 그 때까지 철강을 주로 수입하던 중국이 철강 순수출국으로 바뀌었기 때문이다.

그해 중국은 철강 수입을 2005년에 비해 30%가량 줄인 반면 수출은 50% 가까이 늘렸다. 남아도는 철강제품을 중국이 수출하기 시작하면서 세계 곳곳에서 마찰이 빚어졌다. 미국, EU 등이 잇따라 중국 철강제품에 반덤핑관세를 부과했다. 중국산 철강에 대한 각국의 항의와 비난이 빗발

치자 2007년 5월 중국은 83개 철강제품에 대해 수출허가제를 도입하기도 했다.

중국의 2008년 철강소비량은 연간 4억 9,500만 톤으로 세계 1위다. 그럼에도 그해 중국이 생산한 조강이 5억 5,000만 톤에 이르러 나머지 6,000만 톤가량을 수출했다.

중국의 철강 생산량이 늘어나면서 세계 철광석시장에도 지각변동이 일어났다. 2009년 상반기 중국은 세계시장에서 거래되는 철광석의 67%를 수입했다. 세계시장에서 거래되는 철광석 중 중국이 빨아들이는 물량은 2007년 49%에서 2008년 52%로 늘어난 데 이어 다시 반년 만에 3분의 2로 확대됐다. 철광석 수입 절대규모도 2002년 1억 1,200만 톤에서 2008년 4억 4,000만 톤으로 늘어났다.

중국의 철광석 수입량이 이처럼 급속하게 늘어나자 호주·브라질의 철광석회사들은 2005년 한 해에만 철광석 가격을 71.5% 인상하기도 했다. 그러나 수입 물량 절대다수를 빨아들이는 중국 철강업체들도 호락호락 물러서지 않았다. 주요 철강회사들은 매년 봄 철광석회사와 협상을 벌여 1년 동안 공급받을 가격을 결정한다. 예년 같으면 한국·일본 철강회사와 호주·브라질의 철광석회사들이 가격협상을 끝내면 중국은 그 가격을 받아들여 왔으나 2007년부터 태도가 확 달라졌다.

중국 철강회사들이 수요자의 대표로 가격협상을 주도하겠다고 나섰다. 2009년엔 한국·일본업체들이 먼저 협상해둔 가격을 인정하지 않고 더

낮추라고 우겨 결국 판정승을 거두기도 했다. 중국철강협회(CISA)가 호주 3위 광산업체인 포르테스큐와 철광석가격을 2008년보다 35% 낮추기로 합의한 것이다. 이는 한국·일본 철강회사가 호주·브라질의 초대형 철광석회사인 BHP빌리턴이나 리오틴토와 2008년보다 33% 낮은 수준에서 가격을 합의한 것보다 더 좋아진 조건이다.

중국 조선산업은 이미 세계 1위 한국의 지위를 흔들고 있다. 중국 선박공업협회는 2009년 8월 놀라운 자료를 내놓았다. 중국 조선회사들이 7월 중 선박건조물량 410만 톤을 수주해 세계 1위에 올랐다는 내용이었다. 이는 전 세계에서 발주된 물량 중 70%를 중국 선박회사들이 싹쓸이 하다시피 수주해 갔음을 의미한다. 중국은 바로 전달인 6월에도 470만 톤을 수주해 한국과 일본을 누르고 세계 1위를 차지했었다.

비록 철광석, 유연탄 등을 실어 나르는 저부가가치 벌크선 중심으로 물량공세를 펼친 것이라 하더라도 중국 조선산업의 놀라운 성장을 보여주는 지표다. 그동안 세계 1위 조선강국으로 자리잡아온 한국으로서는 바짝 긴장할 수밖에 없는 변화다.

중국은 2008년에도 2,881만 톤에 이르는 선박을 건조해 세계시장 점유율이 29.5%에 달했다. 중국선박공업집단(CSSC)과 중국선박중공집단(CSIC)은 이미 선박 건조량 기준으로 세계 2위와 6위에 올라 있다.

특히 선박을 수리하는 부문에서 중국은 막강 대국이다. 선박 수리 부문에서 중국의 2008년 총생산액은 500억 위안에 이른 것으로 추산된다. 5,310여 척의 선박을 수리한 결과다. 중국이 선박 수리 분야에서 이처럼 강세를 보이는 이유는 월등한 가격경쟁력 때문이다. 싱가포르 가격지수를 100으로 볼 때 중국은 절반인 50정도에 불과하고, 한국과 일본은 각각 140과 180 정도인 것으로 분석된다.

중국 정부의 정책적인 지원도 무시할 수 없다. 세계 최대 해양문제 연구 그룹인 DNV의 핸릭 매드슨 회장이 2006년 중국 조선산업과 관련해 내놓은 다음과 같은 발언은 주목된다. 그는 당시 "중국이 국가안보를 이유로 원유 수입량의 50% 이상을 반드시 중국선박으로 운송하도록 하고 있다"며 "이런 정책은 중국 내에서 원유운송선에 대한 엄청난 수요증가를 유발하게 할 것"이라고 전망했다.

중국이 고도성장을 지속하면서 원유를 포함한 무역량도 폭발적으로 증가했다. 이로 인해 선박 수요가 급증하고 해상운임이 급등하기도 했다. 중국은 자신들의 무역증가로 인해 파생되고 있는 이런 과실을 다른 나라에 넘겨주기 싫다는 속내를 그대로 드러내고 있다.

중국 정부는 2015년에는 세계 1위 조선강국으로 거듭난다는 원대한 계획 아래 조선산업에 각종 지원정책을 펼치고 있다. 세계 첨단 선박시장에서도 2011년까지는 시장점유율을 2008년의 2배가 넘는 20%선으로 끌어올린다는 계획이다. 중국은 액화천연가스(LNG) 운반선 같은 첨단선박과 해양 플랜트 점유율도 각각 20%와 10%로 높여나간다는 야심을 드러내고 있다.

보하이만, 창장삼각주, 주장삼각주 등 3개 지역에 세계 수준의 조선단지를 조성하고, 중국선박그룹과 중국선박중공그룹 등 양대 조선업체 주도로 업계 구조조정도 추진한다. 중국에는 전국 규모의 조선회사만 1,149개에 이르고 있는데 2012년까지 3년간 신규 조선소 설립을 불허해 저부가가치 선박 양산에 따른 과잉공급 문제도 해소해 나가고 있다.

중국과 한국의 조선산업 경쟁에서는 중국의 막대한 자금력도 변수로 작용할 전망이다. 2013년까지 원유시추선 등 420억 달러 규모의 발주계획을 발표한 브라질 석유회사 페트로브라스에 중국은 2009년 100억 달러를 대출하기로 계약을 체결했다. 차이나머니의 공세다. 중국 조선산업의 기술력이 어느 단계까지 발전하고 나면 이런 장외변수들이 수주경쟁에 영향을 미칠 것으로 예상된다.

IT 강국
꿈이 무르익는다

중국판 실리콘밸리 뜬다

베이징 중심부 톈안먼 북서쪽, 자동차로 30여 분가량 떨어진 옛 환관마을 중관촌(中關村). 베이징대 · 칭화대 · 런민대로 둘러싸여 있는 이곳은 베이징올림픽 메인스타디움이었던 '냐오차오'와는 지척지간의 거리다.

이곳 중심부에 평일 하루 20만 명, 주말에는 30만 명이 북적대는 '중관촌 전자유통상가'가 자리 잡고 있다. 1980년대 초, 소형 길거리 매장들이 모여들면서 자연스럽게 형성됐다가 2003~2007년 사이 초현대식 대형 매장들로 전면 재단장했다.

연간 전자제품 거래액이 400억 위안(약 7조 3,000억 원)에 달하는 이 유
통상가는 중국뿐아니라 전 세계 전자제품의 상품개발 동향과 유행을 한눈
에 가늠할 수 있는 곳이다.

이 중관촌 전자유통상가를 중심으로 베이징 시내 10여 개 지역에 산재
한 중관촌과기원이 바로 '중국판 실리콘밸리' 로 불리는 곳이다. 중관촌
과기원은 1988년 중국 국무원이 과학기술발전 요람으로 만들기 위해 가
장 먼저 국가고신구(國家高新區)로 지정한 지역이다.

이곳에서는 매년 약 4,000개 기업이 창업하고 이 가운데 2,000여 개가
도태된다. 미국 나스닥시장에 상장한 중국기업 중 절반이 이곳에서 잉태
됐다. 해외유학파 1만 명이 활동 중이고 이들이 창업한 기업만 3,500개에
달한다. 바이두, 시나닷컴 등 중국 유명 IT기업들이 바로 이곳 중관촌에서
태어났다. 중국 IT산업은 바로 이곳에서 시작되는 셈이다.

중국이 전국 54개 지역으로 국가고신구를 확대한 뒤 너도나도 중국판
실리콘밸리를 표방하고 있다. 그러나 다른 지역들은 대부분 제조기지일
뿐이고 연구개발, 제조, 유통을 한 데 모아 시너지효과를 내는 중국 정보
기술(IT) · 생명공학(BT)의 총본산은 역시 중관촌과기원이다.

중관촌과기원의 저력은 주변에 위치한 베이징대, 칭화대 등 39개 대학
과 사회과학원 등 200여 개 연구소에 바탕을 두고 있다. 미국 캘리포니아
주의 실리콘밸리가 스탠포드, 버클리, 산타클라라 등 주변 우수 대학출신

고급 인재들에 의지하는 것과 비슷한 구조다.

매년 20만 명씩 쏟아지는 대학졸업생뿐 아니라 미국, 캐나다 등으로부터 몰려드는 해외유학파들도 중관촌에 활력을 불어넣는 동력이다. 중관촌 관리위원회는 미국 실리콘밸리, 캐나다 토론토 등 5개 지역에 해외사무소를 두고 창업자금을 지원하면서 유학파를 끊임없이 중국 본토로 끌어들이고 있다.

이런 인재배양과 창업지원으로 2006년 중관촌과기원 내 2만 2,000여 개 기업들이 달성한 매출액은 약 6,000억 위안(110조 원)에 달했다. 1988년 과기원 지정 이후 매년 평균 25%라는 놀라운 성장세를 지속한 결과다. 외국기업들도 이곳으로 몰려들고 있다. 중관촌 전자유통상가 중심부에는 마이크로소프트 아시아연구개발센터 건물이 우뚝 서 있고 IBM, 오라클, 지멘스, NTT도코모 등도 중국시장을 노리고 이곳에서 연구개발센터를 가동하고 있다.

중관촌과기원을 앞세운 중국 전자정보산업의 성장은 실로 놀랍다. 상품진열대에서 '메이드 인 차이나'를 비켜나가기 어려운 세상이 됐다. 2007년 중국산 DVD기기는 전 세계 생산량의 80%를 차지했다. 컴퓨터 모니터는 50%, 컬러TV는 43%, 노트북은 40%, 핸드폰은 31%를 중국에서 만들어 냈다.

2008년 발표된 〈중국 전자정보산업 국제경쟁력 보고서〉를 통해 중국이

베이징 중관촌 전자유통상가

스스로 "중국은 이미 전자산업 생산대국으로 자리매김했을 뿐 아니라 산업이나 기업차원에서 모두 일정한 국제경쟁력을 갖췄다"고 자평하고 나섰을 정도다.

중국의 전자·IT산업 매출은 2001년부터 2007년 사이 연평균 28%라는 세계적으로 유례가 없는 성장을 계속한 끝에 2008년에는 6조 3,000억 위안에 달했다. 중국 국내총생산(GDP)에서 5%를 차지하고 수출총액에서 36.5%를 차지하는 핵심산업으로 자리잡은 것이다. 중국의 주력 수출품을 신발, 장난감, 의류 정도로 생각했다가는 중국의 변화를 전혀 파악할 수 없게 된 세상이다. 더구나 전자·IT산업은 중국 정부가 세계 금융위기 이후 4조 위안에 이르는 경기부양자금으로 중점 지원하는 분야 중 하나다.

2008년 글로벌 금융위기 여파로 다소 주춤하던 중국 IT산업은 2009년 들어 빠르게 활기를 되찾고 있다. 중국 정부가 농촌가정에서 가전제품을 살 때 보조금을 지급하는 일명 자뎬샤상(家電下鄕) 정책을 시행하자 휴대폰, TV, 냉장고 등 전자제품 소비가 크게 늘어났기 때문이다.

물론 중국 전자·IT산업은 아직은 주로 가격경쟁력에 의지하는 분야가 많고 첨단기술, 브랜드, 디자인 등에서는 뒤쳐져 있는 것이 사실이다. '메이드 인 차이나' 전자제품이 세계시장을 뒤덮고 있다지만 사실 이 중 상당수는 중국 내에서 외국기업들이 생산하는 제품이다.

그러나 중국 정부의 대대적인 지원이 변수로 작용하고 있다. 중국 정부는 이미 222개에 달하는 전자·IT산업진흥, 기술개조 프로젝트를 진행하고 있다. 2008년 12% 가량인 전자·IT산업 내 소프트웨어와 정보서비스 매출 비중을 2011년까지 15%로 끌어올린다는 방침이다.

또 반도체사업에는 2010년까지 5년 동안 100억 달러를 투자하는 계획이 꾸준히 진행되고 있다. 중국 공업정보화부가 밝힌 '정보산업 11차 5개년 세부 계획'에 따르면 중국은 2010년까지 12인치 반도체기판 공장 5개와 8인치 반도체기판 공장 5개를 각각 건설하게 된다. 이 중에는 인텔이 25억 달러를 투자해 다롄에 착공한 반도체공장도 포함돼 있다.

중국시장 내에서는 이미 TV, 냉장고, 세탁기 등 대부분 전자제품을 중국 토종기업들이 석권하고 있다. 저가제품에서 고가제품으로, 단순제품에서 첨단기술제품으로 중국 토종기업들의 진출은 신속하면서도 흔들림 없이 진행되고 있다.

특히 컴퓨터에서 롄샹(레노보)이 독보적 시장지위를 구축했고 하이얼은 가전시장을 장악해 급성장하는 중국 전자·IT산업을 대표한다.

롄샹은 1984년 11월 20만 위안으로 창업한 소규모 컴퓨터 조립업체였지만 불과 3년만인 1987년에 7,000만 위안어치를 생산할 정도로 초고속 성장가도를 달렸다. 2005년 5월에는 IBM 개인용컴퓨터(PC)사업부문을 인수해 매출이 130억 달러에 이르면서 델, 휴렛팩커드(HP) 등과 견주는 세계 3대 컴퓨터 제조업체로 성장했다.

하이얼의 성장도 눈부시다. 산둥성 칭다오에서 집단소유제 기업으로 출발했던 이 회사는 1984년 파산위기를 맞기도 했지만 독일 기술로 냉장고를 생산하면서 변신에 성공했다. 지금은 1만 5,000여 가지 제품을 생산하며 연매출액 175억 달러에 이르는 세계 4위권 종합가전 메이커로 발돋움했다. 2009년 5월 2,850억 달러를 투입해 뉴질랜드 최대 가전업체 피셔앤페이켈 지분 20%를 인수한 데 이어 미국 제너럴일렉트릭(GE) 가전부문 인수를 추진 중이어서 성사되면 세계 최대 가전업체로 등극할 가능성을 남겨 두고 있다.

세계로 뻗어가는 중국 사이버 네트워크

2008년 2월, 중국 인터넷 인구는 2억 2,100만 명으로 미국을 추월해 세계 최대로 성장했다. 2011년에는 6억 명으로 늘어날 것으로 예상된다.

인터넷 인구가 이처럼 늘어나자 중국 검색포털인 바이두(www.baidu.com)가 2009년 야후를 제치고 구글에 이어 세계 2위 검색엔진으로 올라섰다. 이 때 바이두의 세계시장 점유율은 6.9%로 구글의 시장점유율 68.9%와는 아직 격차가 어마어마하지만 영어를 사용하지 않으면서도 이 정도 비중을 차지했다는 사실이 중국 인터넷 인구의 위력을 반영한다. 전 세계 15억 명으로 추산되는 네티즌 가운데 6억 명이 아시아지역에 있고 이중 절반 정도가 중국에 몰려 있기에 가능한 일이다. 중국시장 내부로 눈길을 옮기면 바이두의 위력은 보다 뚜렷해진다. 중국 검색시장에서 바이두 점유율은 2009년 2분기 61.6%에 이르렀다.

세계 최대 검색엔진인 구글이 진출한 나라가 158개국에 이르는데 이 중 검색점유율 1위를 차지하지 못한 나라는 고작 5개국 정도다. 한국이 대표적인 나라이고 중국, 일본, 러시아, 체코에서도 구글은 고전하고 있다.

바이두는 2008년 초 일본에서 검색서비스에 나선 데 이어 한국, 베트남 등 한자문화권인 나라로 진출을 확대한다는 계획이다. 영어가 국제공용어로 자리 잡고 있는 가운데 한자문화권을 내세워 이들 국가를 공략하려는 바이두의 전략이 얼마나 먹혀들지는 앞으로 두고 볼 일이다.

2007년 10월 '알리바바 신드롬'이 홍콩을 강타했다.

중국 최대 전자상거래 업체인 알리바바닷컴(www.alibaba.com)이 홍콩 증시 상장을 위해 공모주 청약을 받기 시작하자 전 세계 자금이 구름처럼 홍콩으로 몰려들었다. 기관투자가를 상대로 실시한 공모주 청약은 경쟁률이 50대1을 넘어서자 당초 일정보다 이틀 앞당겨 청약접수를 마감했다. 개인투자자 청약에도 4,500억 홍콩달러(약 52조 원)가 몰려들었다. 청약경쟁이 너무 치열해지자 주당 공모가격을 도중에 13% 인상하는 진풍경도 벌어졌다.

외국에서 한꺼번에 자금이 쏟아져 들어들자 홍콩 정부가 고정환율제(페그제)를 유지하기 위해 하루 1조 원에 해당하는 금액의 홍콩달러를 시장에 쏟아 붓기도 했다.

당시 알리바바닷컴 창업자인 잭마 회장은 "구글이 상장될 때 기회를 놓친 투자자들이 알리바바닷컴마저 놓치는 실수를 범하지 않으려 하기 때문"이라고 이 신드롬을 설명했다. 알리바바닷컴은 미화 15억 달러를 조달했는데 이는 2004년 8월 구글이 19억 달러를 조달한 후 인터넷기업으로서는 세계 두 번째로 큰 기업공개(IPO)였다.

알리바바닷컴은 중국 전자상거래시장의 68%를 차지하며 전 세계 바이어와 중국 제조업체를 연결해주는 온라인 창구다. 온라인상에서 중국 제품을 검색하고 제조업체와 상담을 벌여 주문까지 할 수 있는 공간이다. 알리바바닷컴 신드롬은 중국 제조업 경쟁력과 온라인 잠재력을 반영한 상징적 사건이다.

알리바바닷컴 중국어 사이트의 이용객 수는 3,200만 명에 달한다. 영어 사이트 이용자 860만 명까지 더하면 4,000만 명이 넘어서는 규모다. 알리바바는 2008년 9월 〈비즈니스위크〉가 선정한 '아시아 50대 우량 기업' 중 3위에 이름을 올리기도 했다. 한국의 NHN이 19위, 현대미포조선이 41위에 든 것과 비교해보면 이 회사의 위상을 실감할 수 있다.

알리바바닷컴을 필두로 한 중국의 전자상거래시장은 폭발적으로 팽창하고 있다. 그동안의 인터넷 성장을 바탕으로 돈 되는 시장이 온라인상에서 열리고 있는 것이다. 2008년 중국 내 전자상거래 총거래액은 2조 4,000억 위안(약 440조 원)에 달했다.

중국 인터넷 쇼핑업계에서는 텐센트(TENCENT)와 타오바오(TAOBAO)가 비약적인 성장을 거듭하면서 주목받고 있다. 텐센트는 포털사이트로서 각광을 받는다기보다 큐큐(QQ)라는 강력한 커뮤니케이션 도구를 기반으로 영향력을 확대하고 있다. 요즘 중국의 젊은 네티즌들은 대부분 인스턴트 메신저는 물론 뉴스검색 등 다양한 기능을 포함한 커뮤니케이션 프로그램 큐큐를 사용하고 있다. 큐큐를 사용하지 않으면 연락이 안 될 정도로 젊은 층 사이에서 큐큐는 매우 강력한 통신수단으로 통하고 있다.

타오바오의 소비자 간 거래(C2C) 서비스도 새로운 소비시장을 형성하면서 빠른 속도로 성장하고 있다. 타오바오 가입자 수는 2008년에 이미 1억 명을 넘어섰고 등록된 상품 수도 3억 종을 웃돌고 있다. 매일 200만 명에 달하는 가입자가 거래에 참여하고 있어 하루 거래량이 300만 건을 넘는 것으로 추산된다.

정부의 지원도 전자상거래 활성화에 한몫하고 있다. 예를 들어 쓰촨성 정부는 2009년 이전에 설립된 업체가 전자상거래 사이트에 새로이 등록해 대외무역, 내수판매 등에 나서면 사이트 등록비용을 보조해주는 지원책을 펴고 있다.

중국 온라인게임시장은 높은 인구와 소득증가로 이미 세계 최대시장으로 성장했다. 세계 온라인 게임시장에서 차지하던 비중이 2003년에는 10.9%였지만 2008년에는 27.7%로 높아졌다. 시장규모도 같은 기간 2억 3,000만 달러에서 25억 달러로 커졌다. 이 같은 고속성장은 당분간 지속될 전망이다. 연평균 34.1% 성장세를 이어가 2011년에는 시장규모가 60억 달러를 넘어설 것이라는 예측이다.

중국 온라인게임시장의 성장은 한국 기업들에게도 기회가 되고 있다. 2009년 7월 상하이에서 열린 '차이나조이 2009' 행사에는 50여 개국 195개 게임업체가 참가해 각축전을 벌였다. 이 당시 바이두닷컴이 발표한 중국 내 게임 랭킹 순위에서 상위 인기게임 10개 중 6개가 한국산이었다. 넥슨의 '던전엔파이터 · 카트라이더', 네오위즈게임즈의 '크로스파이어', 엔씨소프트의 '아이온' 등이 그것이다.

이런 인기를 바탕으로 한국 게임은 중국 게임시장에서 25% 비중을 차지한다. 일본 게임이 6% 정도를 차지하고 나머지 66%가 중국 국내기업들이 개발한 게임이다. 물론 중국 국내기업들의 제품 중에는 지적재산권 문제를 유발해온 상품도 적지 않다.

그러나 중국 온라인 게임업체들이 매년 빠르게 발전하고 있고 자체 개발한 게임의 품질이 갈수록 높아지고 있는 사실도 부인하기 어렵다. 일부 중국산 게임들은 이미 해외로도 수출되고 있다.

중국 내 대표적인 온라인게임업체는 샨다, 텐센트, 넷이지 등이다. 2008년 샨다는 중국 온라인게임 시장점유율 21%로 1위에 올랐다. 2위는 텐센트로 점유율 15.2%를 기록하고 있고 넷이지도 점유율 15.1%로 그 뒤를 바싹 쫓고 있다. 샨다, 텐센트 등은 풍부한 자금력, 영업력, 게임 서비스 능력 등을 확보해 앞으로도 중국 온라인게임시장에서 비교적 높은 성장성을 유지할 가능성이 크다.

중국산 온라인게임의 해외수출도 활발해지는 추세다. 그동안 주로 수입에 의존하던 중국이 2008년엔 30여 종에 달하는 온라인게임을 한국은 물론 일본, 동남아, 북미, 유럽 등 세계 20개국에 수출했다. 2008년 중국산 온라인게임 총수출액이 7,178만 달러로 전년보다 30.5%나 늘어났다.

녹색산업

새 성장 축으로

풍력 · 태양광 대국 노린다

중국 서부 위구르자치구의 우루무치에서 쿠차로 가는 길 양편으로 끝없는 사막이 펼쳐진다. 그 곳에 줄지어 서 있는 수많은 풍력터빈은 보는 이로 하여금 탄성을 자아내게 만든다. 중국이 언제 이런 시설까지 만들었을까 하는 놀라움을 쏟아내게 한다. 이곳의 풍력 발전규모가 동양 최대라는 사실까지 듣고 나면 다시 한 번 중국의 발전 속도와 잠재력에 놀라게 된다.

중국은 이미 신재생에너지인 풍력, 태양광 분야에서 세계의 주목을 받는 강자로 부상하고 있다. 미국은 2009년 하반기에 신재생에너지 발전 비중을 2020년까지 15%로 높이는 계획에 착수했다. 그러나 중국은 이보다 2년 앞서 이미 비슷한 계획을 실행에 옮기고 있던 중이다.

중국은 매년 풍력발전 능력을 2배 이상 늘리면서 태양력 발전이나 농가 폐기물을 활용한 발전에도 나서고 있다. 개혁·개방 이후 30여 년 동안 국토를 황폐화시켜온 환경오염에 대응하기 위해 범정부 차원에서 대책을 마련 중이다.

중국이 2008년 새로 건설한 풍력발전설비 용량은 6,300㎿(메가와트)로 미국에 이어 세계 2위다. 2008년까지 누적된 풍력발전설비 용량은 1만 2,210㎿로 아시아 선두이고 세계적으로도 미국, 독일, 스페인에 이어 4위 다. 그럼에도 중국 풍력발전량이 전체 발전량에서 차지하는 비중은 0.04% 로 미미한 수준이어서 그 만큼 잠재력은 어마어마하다고 할 수 있다.

여기에 2007년 말 중국 국가발전개혁위는 2020년까지 풍력발전 용량을 30GW(기가와트, 1,000메가와트)로 증설하는 중장기전력발전계획을 내놓았다. 한국의 원자력발전 총량이 2008년 말 17.7GW인 사실을 감안하면 중국 풍력발전이 얼마나 늘어나게 될 것인지를 짐작할 수 있다.

더구나 중국재생에너지산업협회는 〈2007 중국풍력발전 보고서〉에서 "재생에너지에 대한 세제혜택 등 지원이 늘어남에 따라 2020년까지 중국 풍력발전 용량이 정부계획보다 훨씬 많은 122GW로 늘어날 수도 있다"고 진단했다.

실제로 중국 각지에서 풍력발전단지 건설프로젝트가 붐을 이루고 있다.

광둥성은 2008년 3월 해안가 240㎢에 중국 최대 풍력발전단지를 건설할 것이라는 계획을 밝혔는가 하면 저장성 해안가인 다이산 지구에서는 2008년 8월 중국 내에서 3번째로 큰 풍력발전단지가 완공됐다.

중국 풍력발전산업은 한때 외국기업들이 좌지우지하는 무대였다. 독일 노르덱스AG가 1998년 중국에 풍력발전터빈 생산시설을 처음으로 건설한 이후 초기 중국 풍력시장은 외국기업들 천하였다. 이에 따라 덴마크 베스타스, 스페인 가메사, 미국 GE 등 세계적인 풍력발전설비회사들이 모두 중국으로 몰려들었다.

하지만 2006년 말 이미 외국업체 시장점유율은 65.9%로 낮아졌고 2007년에 새로 건설된 풍력발전터빈에서 외국제품이 차지하는 비중은 또다시 44%로 급락했다.

그 대신 2001년 설립된 중국의 신장골드윈드가 2007년 중국에서 새로 설치된 풍력발전터빈의 약 45%를 공급했다. 신장골드윈드가 2007년 12월 선전주식시장에 상장할 때 첫날 주가가 공모가격에 비해 264% 폭등하며 131위안까지 치솟은 것도 바로 이런 이유 때문이다.

내로라하는 외국기업들이 중국 내에서 싹트기 시작한 신생 기업들에게 밀리는 이유는 무엇 때문인가. 역시나 가격경쟁력에서 뒤지기 때문이다. 또 중국 정부가 풍력발전소를 건설할 때 발전설비 70% 이상을 중국 현지에서 생산된 장비를 사용하도록 하고 있기 때문이기도 하다. 외국기업들이 현지생산과 기술이전을 확대할 수밖에 없도록 압박하고 있는 것이다. 외국기업들의 선택권은 별로 없다. 중국시장에서 밀려나지 않으려면 현지 부품생산 비중을 늘리는 길밖에 없는 셈이다.

노르덱스AG도 2006년 닝샤후이자치구의 인촨에 조립공장을 세웠고 2007년에는 산둥성 동잉에 풍력 회전차 날개공장을 세웠다. 리흐테리흐 노르덱스 CEO는 "중국에서 경쟁하려면 2년 내에 부품 95%를 현지에서 생산해야 한다"며 "이를 위해 노르덱스는 중국기업들과 핵심부품 제작에 제휴할 수밖에 없다"고 토로했다.

외국기업들이 그나마 위안으로 삼아온 것은 유럽기업들이 2MW급 대형 풍력발전터빈을 공급할 수 있는 데 비해 중국기업들은 그동안 소형 발전 터빈만 공급해왔다는 사실이다. 그러나 이마저도 2008년 중국기업들이 1.5MW급 발전터빈을 잇달아 생산하기 시작하면서 기술력 차이는 거의 의 미가 없어질 지경이다.

특히 신장골드윈드는 2008년 3월 대형 풍력발전터빈 생산을 위해 독일 풍력발전기 제조회사인 벤시스에너지AG의 지분 70%를 인수했다. 여타 분야와 마찬가지로 풍력산업에서도 중국의 막강한 자금력이 기술력 격차 를 뛰어넘는 수단으로 위력을 발휘하고 있는 것이다.

중국 신재생에너지의 다른 한축에는 태양광발전이 자리 잡고 있다. 중 국은 태양광발전산업 지원에 힘입어 태양전지 생산량이 이미 세계 1위에 올라선 상태다. 2000년 3㎿에 불과했던 태양전지 생산량은 2007년엔 1,088㎿로 급증했다.

태양광발전은 핵심소재인 폴리실리콘을 생산해서 웨이퍼형태로 가공하고 다시 태양전지를 만든 다음 모듈형태로 제작해 나가게 된다. 여기서 가장 기초단계에 해당하는 폴리실리콘 제조업체는 2009년 10개사에 달했고 생산능력도 연간 3만 톤에 이르렀다. 2001년만 하더라도 중국 폴리실리콘 제조업체는 어메이반도체와 낙양단결정 등 단 2곳에 불과했고 생산량도 40톤에 그쳤던 점을 감안하면 비약적인 발전이다.

중국은 태양전지용 웨이퍼산업에서도 세계 선두권을 달리고 있다. 전 세계 웨이퍼시장에서 생산능력 상위 10개사 가운데 중국업체가 3개사나 된다. 그중 세계 1위 업체인 LDK를 비롯해 르네솔라, 잉리 등이 중국회사다.

태양전지 생산업체는 2008년 62개사에 이른다. 이 가운데 우시샹더는 2007년 327㎿를 생산해 2년 연속 세계 1위에 올랐고 보우딩잉리와 허베이징오우도 2위와 3위에 이름을 올려놓아 중국업체들의 위상을 실감케 했다. 태양전지 모듈을 조립하는 업체도 330개에 달하고 생산능력도 5GW에 이른다.

중국 태양광산업이 이처럼 빠르게 발전하면서 골드만삭스, 테마섹, 메릴린치 등 글로벌 투자기관도 앞다퉈 중국 태양광회사에 투자하고 있다. 우시샹더, 저장워훠이, 아티스, 창저우텐허, 장수린양, 허베이징오우, 장시싸이웨이, 텐웨이잉리, 장인쥔신 등 중국내 10여 개 태양광회사는 이미 해외 주식시장에 상장돼 있기도 하다. 이는 중국 태양광산업이 세계적으로도 인정받고 있음을 의미한다.

광활한 문화유산 세계를 부른다

'땅만 파면 문화재가 나오고 어딜 가도 역사의 숨결이 살아있다.'

2008년 베이징올림픽이 막을 올릴 때 세계인들은 그 화려한 개막식에 감탄사를 연발했다. 중국의 오랜 문화와 전통을 다시 한 번 생각하는 계기가 됐을 듯하다. 그런데 중국인들은 이보다 몇 년 빨리 베이징올림픽 메인스타디움 쪽으로 눈길을 돌리며 감탄사를 연발했다. 베이징올림픽 메인스타디움을 건설하기 위해 땅을 파는 순간 여기저기서 문화재가 쏟아져 나왔기 때문이다. 이 일대에서 발굴된 고대 무덤은 700기를 웃돌았고 여기서 한, 당, 명, 청나라 등 다양한 시대의 유물이 출토됐다. 금, 은, 옥으로 만든 문화재만 1,500여 점에 이르렀다.

중국은 이벤트와 기념물의 나라이기도 하다. 새 왕조를 연 황제들은 지방에서 반란을 일으킬 생각을 갖지 못하도록 끊임없이 동원령을 내렸다. 이왕이면 오랑캐들은 감히 생각지도 못할 정도로 공사는 초대형으로 이뤄졌다. 만리장성, 대운하, 원강석굴 등이 그렇게 탄생했고 지금은 관광자원으로 바뀌었다.

크고 웅장한 건축물을 좋아하는 전통은 지금도 그대로 이어진다.

중화민족의 조상이라는 염제(炎帝)와 황제(黃帝)의 초대형 조각상이 2007년 4월 완성됐다. 허난성 정저우의 황허풍경명승구에 조성된 이 염황제의 조각상은 높이가 106m에 이른다. 미국 '자유의 여신상'보다 8m가 높고 러시아 '조국의 어머니상'보다도 2m가 더 높다. 염황제는 전설적 제왕인 3황5제에 포함되는 가상의 인물로 중국인들은 일반적으로 '염황자손'을 자처하며 염제와 황제를 한족의 조상이라고 일컫는다. 중국은 이들의 조각상을 눈 길이 3m, 코 높이 8m에 달하는 세계 최대 규모로 1987년 착공한 후 20년 만에 완공했다.

중국의 새로운 중화민족주의 부상을 보여주는 조각상이기도 하지만 이 조각상이 만들어진 후 정저우시 관광수입이 대폭 늘어났으니 돈벌이로서의 효과도 쏠쏠한 셈이다.

산둥반도 끝자락에 위치한 웨이하이시는 인천에서 가장 가까운 중국 땅에 해당한다. 주말에는 비행기 표를 구하기 힘들 정도로 한국인 골프여행객들이 붐비는 곳이다.

웨이하이 시내에서 1시간 30분가량 차량으로 이동하면 중국인들의 민첩한 발상과 규모에 놀라게 되는 적산풍경명승구(赤山風景名勝區)가 나온다. 해상왕 장보고 대사가 창건했던 법화원을 중국은 이곳에 1989년 재건했

법화원 내 장보고 장군 동상

다. 2007년 2월에는 장보고 기념관도 개관했다. 기념관 앞뜰에는 키가 8m에 이르는 웅장한 장보고 장군 동상도 세웠다. 전남 완도에 해상왕 장보고 기념관이 개장한 것은 그로부터 1년 뒤의 일이니 놀라운 일이 아닌가.

일본 고승 옌닌이 견당사로 왔다가 법화원에 머물며 '입당구법순례행기'라는 기행문을 쓰고 유명 고승이 됐다하여 그의 기념관도 세웠다. 한국, 중국, 일본의 우호와 친선을 기념하기 위한 작업이라는 게 중국의 설명이지만 해외 관광객을 끌어들이는 그 발상에 놀라움을 금할 수 없다.

물론 이곳에 장보고나 옌닌의 기념관만 있는 건 아니다. 법화원 앞쪽 언덕에는 중국 제1 바다신이라는 '적산명신' 동상이 세워져 있는데 그 동상의 몸체 높이만 58.8m에 달한다. 아시아 최대 청동불상이라는 설명에 자연스럽게 고개가 끄덕여진다. 그런가하면 법화원 좌측에는 '극락보살계 음악분수광장'이 마련돼 있는데 이곳에 서있는 관음보살상도 높이가 25.8m에 이른다. 여기에도 단조제작 방식으로 만든 세계 최대 청동불상이라는 설명이 붙어있다.

이 관음보살상은 규모뿐 아니라 정교함도 놀랍다. 동자승 4명, 금강역사 4명, 선녀 8명의 동상과 때로는 합체되고 때로는 분리되면서 2시간마다 음악에 맞춰 춤을 추도록 제작해 놓았다. '불상에 어떻게 저런 장치와 조작을 접목시킬 생각을 해냈을까' 하는 감탄이 절로 나온다.

이런 관광자원들은 중국 관광산업을 비약적으로 발전시키고 있다. 글로벌 금융위기가 불어 닥쳐도 중국 관광산업은 불황을 모르고 성장하는 중이다. 다른 외국 관광지가 울상을 짓고 있는 것과는 대조적이다.

2009년 상반기 중국 국내관광수입은 4,979억 위안으로 1년 전 같은 기간에 비해 10.6% 늘었다. 관광객 수도 10억 명으로 1년 전에 비해 11.7% 증가했다.

그 가운데도 베이징 관광객은 눈에 띄게 늘었다. 금융위기와 신종 플루가 확산되고 검역이 강화되고 있는 상황이었지만 2009년 상반기 베이징을 찾은 관광객은 8,540만 명을 넘었다. 1년 전 같은 기간보다 20.8% 증가한 규모였다. 해외로 관광을 떠난 중국인들도 2,255만 명으로 1년 전 같은 기간보다 1.1% 증가했다.

글로벌 금융위기로 인해 중국을 찾은 외국인 관광객들은 많이 감소한 것과 대조적이다. 2009년 상반기에 중국을 찾은 외국인 관광객 수는 1,021만 명으로 1년 전 같은 기간보다 19.3% 줄었으며 특히 홍콩·마카오 관광객이 크게 감소했다.

13억 인구를 바탕으로 한 중국 국내 관광시장 규모는 이미 세계 1위를 기록했다. 2007년 연간 중국 국내관광 여행자는 이미 16억 명을 넘어섰다. 이 때문에 어느 관광지를 가든 중국 휴일에는 인파에 떠밀려다닐 각오를 해야 한다. 소득이 증가하자 갈수록 많은 중국인들이 관광길에 오르고 있다.

중국은 2007년 관광과 관련된 산업의 총수입을 1조 9,000억 위안(약 350조 원)으로 추산했다. 무공해 산업인 관광산업은 숙박, 외식 등에 파급효과가 크기 때문에 중국 정부도 적극적으로 관광산업 양성에 나서고 있다.

여행카드를 발급해 관광객을 끌어들이려는 새로운 아이디어도 여러 도시에서 잇달아 채택되고 있다. 2010년 5월에 열리는 세계박람회(엑스포)를 앞두고 상하이시는 주요 관광지를 카드 한 장으로 다 이용할 수 있는 '여행카드'를 발급하고 있다. 다른 지역에서 찾아온 사람들이 명승지, 식당, 문화공연 등을 이용할 때 다양한 혜택을 받도록 고안한 카드다. 3개월간이나 이어지는 세계박람회는 올림픽에 비해 기간이 길고 볼거리도 많아 여행업계에 미치는 긍정적 영향이 더 클 것이란 기대도 부풀었다.

쉴 새 없이 이어지는 이벤트, 끊임없이 만들어지는 대형 기념건축물, 어디서나 발굴되는 문화유적 등으로 인구대국 중국의 관광산업 미래는 밝다. 유엔 세계관광기구(UNWTO)는 2015년 중국이 세계 최대의 여행지가 될 것으로 예상하고 동시에 세계 4대 해외여행 국가가 될 것으로 전망하기도 했다.

Part. **03**

중국이 넘어야 할
도전과 과제

안으로 곪아가는
중국대륙

자유 · 인권은 멀고 부패는 가깝다

2005년 말 중국 충칭에서 여중생 3명이 비극적인 교통사고를 당했다. 같은 반 친구였던 이들은 3인용 자전거로 학교에 등교를 하다가 화물차에 치어 그 자리에서 숨졌다. 그해 중국 교통사고 사망자는 8만 9,000여 명으로, 하루에 평균 250명씩 교통사고로 사망한 꼴이니 세간의 무관심에 묻혀버리기 십상인 사건이었다. 그런데 이 사건이 곧 13억 중국인을 격렬한 논쟁 속으로 끌어들이는 핫이슈로 돌변했다.

핵심 논쟁은 여중생 3명의 가족에게 지급된 보상금이었다. 숨진 여중생

중 2명에게는 각각 20만 위안(약 2,500만 원)이 지급된 반면 나머지 1명에게는 5만 8,000위안이 지급됐다. 같은 교실에서 공부하던 중학생들이 동일한 사고로 목숨을 잃었는데 사망보상금에 3.5배 정도 차이가 나니 어리둥절할 만하다. 더군다나 '모든 인민이 평등하다'고 말하는 나라에서 엄밀하게 사망보상금 규정을 적용한 결과가 그러했으니 중국 여론이 발칵 뒤집어지지 않을 수 없었을 것이다.

원인은 중국 호구제도(주민등록제도)에 있었다. 중국은 교통사고 피해를 보상할 때 우선 희생자를 도시주민과 농촌주민으로 나눈다. 그리고 도시주민에게는 거주지역의 연평균 소득 20배까지 보상하고 농촌주민에게는 호구등록지역 연간 소득의 20배까지 보상한다. 충칭시 도시지역과 주변 농촌지역의 평균 소득은 3.5배가량 차이가 난다. 그 격차 때문에 보상금 차이가 생긴 것이다.

"내 딸은 충칭에서 10년간 살았고 학비를 덜 낸 적도 없다. 그런데 목숨값은 친구들의 절반도 안 된단 말인가."

당시 농촌호구를 지녔던 여중생 아버지의 이 절규는 수많은 중국인들을 동요하게 만들었다. 중국인들은 국내는 물론 해외로도 자유롭게 여행할 수 있지만 호구이전(주민등록이전)만은 여전히 자유롭지 못한 중국 사회 특징을 반영한 사례다.

2008년 1월 한국 이천에서 냉동창고 화재사고로 중국인(조선족) 12명을 포함해 모두 40명이 사망하는 사고가 발생했다.

"한국도 별 수 없군"이라던 중국 여론이 어느 순간 자조·허탈·분노로 돌변했다. 사망자에 대한 평균 보상금이 2억 4,000만 원(195만 위안)에 이른다는 소식이 전해지면서부터다. 인터넷사이트마다 관련 기사에는 수천 개의 댓글이 폭주했다. "똑같은 생명인데 이처럼 다른 대접을 받을 수 있느냐"는 한숨소리가 줄을 이었다. "보상금의 차이는 바로 인권의 차이"라는 지적과 함께 "죽으려면 한국에 가서 죽어야 한다"는 자조 섞인 목소리도 나왔다.

중국 산업재해 사망자의 평균 보상금은 20만 위안도 안 된다. 중국 언론들도 이 사건을 계기로 "최고 40만 위안인 중국 보상금 한도액을 높여야 한다"며 논쟁을 벌였다. 실제로 베이징의 어느 변호사는 그해 3월 전인대(국회에 해당)에 '사망보상금 한도액을 300만 위안 이상으로 조정해 달라'는 건의서를 제출하기도 했다. 국제사회에서 큰소리를 칠 수 있는 나라로 떠오른 중국이 아직은 주민들의 목숨 값도 제대로 보상해줄 수 없을 만큼 사회보장체계가 취약한 사실을 보여주는 사례다.

2008년 5월 어느 초등학교의 반장선거 과정을 다룬 다큐멘터리 영화가 중국에서 상영금지처분을 받았다.

'내게 한 표를(請爲我投票)'이라는 제목의 50분짜리 영화는 우한시 어느 초등학교 반장선거에 3명의 후보들이 나와서 표를 얻는 과정을 담았다. 천웨이쥔이라는 유명 감독이 제작한 이 영화는 2007년 미국 실버독스 다큐멘터리 영화제에서 최우수 주제상을 수상하는 등 4개 국제영화제에서 수상한 작품이다. 그런데 별 다른 이유도 알려지지 않은 채 상영은 금지됐다. 제작 초기에 높은 관심을 보였던 언론들도 정작 영화가 완성된 뒤에는 관심을 끊었다. 최고 지도자를 주민들이 직접 선출하지 않는 중국 사회에서 민주주의에 대한 논의가 얼마나 금기시되는지 보여주는 사례다.

중국은 2009년 건국 60주년을 맞았다. 그러나 중국인들에게 시장경제 원리가 소개된 것은 개혁·개방 후 고작 30년에 불과하다. 개혁·개방 직전까지 무려 10년 동안 무차별적인 사상비판과 인민재판으로 공포분위기를 조성하던 나라가 중국이다. 그러니 정치·거주이전·종교 자유는 물론이고 인권보호 등 사회 곳곳에 공산주의 잔재가 남아 있을 수밖에 없다. 그중에서도 가장 큰 문제는 공산당 간부와 관료들의 부패다.

2008년 4월 텐진 공항터미널이 준공을 3주 앞뒀을 때 200만 위안을 들여 설치한 새 조각물을 갑자기 철거하는 일이 벌어졌다. 현장시찰에 나선 부시장이 "색이 맘에 들지 않는다"라고 한마디를 했기 때문이었다. 이처럼 조각물이 헐리게 된 사연은 CCTV 인터넷 홈페이지에 보도됐다. 서방 언론들은 "관료의 잘못을 폭로하지 않는 중국 언론 관행을 감안할 때 매우 이례적인 사건"이라며 관심을 기울였지만 아니나 다를까 곧 지역 언론에는 이 일에 관한 보도금지 조치가 내려졌다. 중국 공무원들이 얼마만큼 통제되지 않는 권력을 행사하고 있는지 보여주는 사례다.

무소불위의 권력을 지닌 공무원은 반드시 부패한다. 2008년 4월 인민해방군은 군용차량 번호판에 관한 대대적인 조사결과를 발표했다. 가짜 군용차량 4,000여 대와 위조됐거나 도난당한 군용 번호판 6,000여 개를 압수했다는 내용이었다. 군용차량은 톨게이트 요금을 내지 않아도 되고 주정차 제한도 면제된다. 경찰도 권력자들의 분노를 유발할 수 있는 위험 때문에 이런 차량은 제대로 단속하지 않는다. 그래서 대도시 곳곳에서 군용 번호판을 부착한 값비싼 스포츠카와 호화차량을 목격할 수 있다. 이 또한 중국의 부패한 사회상을 보여주는 단면이다.

중국에 뇌물, 횡령, 사기 등 공무원 범죄가 만연해 있고 이로 인해 엄청난 사회적 비용이 초래되고 있다는 사실은 정부회계자료, 신문기사, 법원 기록에 광범위하게 나타난다. 중국 국토자원부 자료에는 2000~2006년 토지불법거래 사건에 연루된 공무원이 8,698명, 그중 형사처분을 받은 사람이 1,221명이라고 적혀 있다. 물론 이는 빙산의 일각이다.

지방정부의 미숙한 일처리와 부정부패를 규탄하며 중앙 정부에 제출한 민원서류가 2003년 1,000만 건을 넘었다는 기록도 있다. 또 마구잡이식 토지수용과 불명확한 토지환수 규정 때문에 토지를 잃은 농민이 4,000만 명에 달한다는 기록도 있다. 상하이국제대에서 정치학을 공부하고 하버드대에서 박사학위를 받은 페이민신은 2008년 4월 카네기국제평화기금을 통해 발표한 보고서에서 이렇게 주장했다. "부패한 중국 관료 100명 중

처벌받는 사람은 많아야 3명이다. 너무 많이 잡아들이면 후진타오 국가 주석이 지지기반을 잃을 정도다.”

중국도 2008년 5월 정보공개를 정부에 청구할 수 있는 법률을 시행했다. 그러나 언론자유가 막힌 상태에서 광범위하게 이뤄지는 공무원 부패가 일소되기를 기대하는 것은 우물에서 숭늉을 구하는 격이다. 더구나 사회보장체계마저 취약하다 보니 억울한 사연을 지닌 주민들은 길거리로 몰려나와 시위대나 폭도로 돌변할 수밖에 없다. 중국 공안부에 따르면 1994년 1만 건에 그쳤던 중국 내 시위발생건수가 2004년에는 7만 4,000건으로 증가했고 376만 명이 시위에 참가한 것으로 기록돼 있다.

공산주의 시절부터 켜켜이 쌓인 권위주의적·반민주적 잔재들을 해소하지 못한다면 중국은 언젠가 폭발하는 인민들의 힘에 의해 스스로 무너져내릴 수도 있다.

빈부격차와 환경오염, 인민들은 분노한다

2009년 7월 중국 포털사이트 소후(www.sohu.com)에 올라온 동영상 하나가 중국 네티즌들을 뜨겁게 달궜다. 광둥성 둥관의 한 명문 고등학교에서 고교생이 헬리콥터를 타고 등교하는 장면을 담은 15초짜리 동영상이었다. “중국이 너무 타락했다”, “중국 벼락부자들이 세상 무서운 줄 모른다”는 등 비난이 쏟아졌다. 이 사건의 주인공 부모들이 급기야 “교통이 막혀서 헬기로 등교를 시켰다”고 해명에 나서야 할 정도가 됐지만, “물의를 일으켜 미안하다”는 사과는 찾기 힘들었다.

중국 부자들의 이런 호화생활과 달리 서민과 빈민들의 삶은 처절할 정도다. 광둥성 둥관에서 2008년 4월 적발된 아동노예 사건은 그런 참상을 여실히 보여준다. 167명의 어린이들이 둥관에서 1,000㎞ 이상 떨어진 쓰촨성 량산이 자치구역에서 팔려와 노예생활을 하고 있는 현장이 공개돼 중국인들을 충격에 빠뜨렸다. 이들 중 60%는 16세 미만이었는데 식사마저 제대로 제공받지 못한 채 매일 10위안(1,850원)을 받으며 일하고 있었다.

같은 노동자층에서도 하늘과 땅처럼 벌어진 임금 격차는 사회 문제가 되고 있다. 국유기업이 독점하고 있는 대표적 분야인 석유화학부문에서는 중간간부 연봉이 25~35만 위안에 이르고, 국유기업 운전기사 중에는 연봉 10만 위안을 받는 사람도 있다. 중국 도시근로자 평균 연봉이 1만 8,500위안 정도라는 사실을 감안하면 그 격차를 짐작할 수 있다.

상황이 심각해지자 노동 쟁의도 급증하고 있다. 2008년 3월 말에는 운남성 쿤밍에서 출발한 중국동방항공 소속 비행기 21대가 도중에 되돌아오는 희한한 사건이 발생했다. 아무런 설명도 없이 비행 도중 출발지로 되돌아가자 승객들은 불안과 공포에 떨었지만, 왜 회항을 하는지에 대한 설명은 일언반구도 없었다. 비행기 조종사들이 임금과 근로조건에 불만을

하루하루 고단한 삶을 살아가는 운남성 노점상들

품고 집단 항명한 초유의 사건이라는 사실은 나중에야 밝혀졌다.

2008년 중국 전역에서 일어난 노동쟁의 건수는 12만 7,000건으로 2005년 8만 7,000건과 비교하면 50% 가까이 늘어났다. 중국은 노동조합(공회)에 단체행동권을 허용하지 않고 있지만 친정부 조직인 노동조합이 불만을 해소해주지 못하자 노동자들이 길거리로 뛰어나오고 있다.

도시와 농촌 간 빈부 차이도 갈수록 벌어지고 있다. 중국 국가통계국에 따르면 1985년에는 도시주민 평균소득이 농촌주민 평균소득의 1.86배였다. 그런데 2005년에는 그 격차가 3.22배로 넓어졌다.

소득불균형을 나타내는 대표적인 수치인 지니계수에도 중국 불평등 문제는 심각하게 반영돼 있다. 2009년 6월 중국 공산당 간부 양성기관인 중앙당교는 2007년 중국 지니계수가 0.48을 기록했다고 발표했다. 지니계수는 1에 가까울수록 소득 불평등이 심하다는 것을 표시한다. 일반적으로 지니계수가 0.4를 넘으면 소득분배의 불평등이 사회불안을 걱정해야 할 정도로 심각한 수준임을 의미한다.

1978년 중국 개혁·개방을 설계한 덩샤오핑의 경제정책은 두 단어로 압축된다. "검은 고양이든 흰 고양이든 쥐만 잘 잡으면 된다"는 흑묘백묘(黑猫白猫)론과 "부유해질 수 있는 사람부터 먼저 부자가 돼라"는 선부론(先富論)이다. 이런 성장 우선 정책 속에서 빈부격차는 필연적인 결과다.

중국 공산당은 2005년 10월 "선부론을 폐기하고 사회균형발전을 도모하기 위해 균부론(均富論)으로 전환한다"고 공식화했다. 하지만 빈부격차는 여전히 중국 사회를 불안하게 하는 뇌관으로 남아있다. 급속한 자본주의화로 인한 병폐는 환경문제에도 옮겨붙고 있다.

신화통신은 2006년 2월 중국 하천 중 70%가 오염된 상태이고, 1,000여 개 호수는 더 이상 물을 이용할 수 없는 상태라고 보도했다. 2005년 11월에는 헤이룽장성 하얼빈에서 취수원 오염으로 4일 동안 동북지역 일원에 전면 단수조치를 내리기도 했다. 각 학교들이 임시휴교에 들어갔고 목욕탕, 미용실, 세차장 등이 영업을 중단하면서 지역경제가 한동안 휘청거렸다.

사태가 이쯤 되자 환경 문제에 항의하는 주민 폭동사태도 줄을 잇고 있다. 2006년 4월 중국 푸젠성에서는 한국의 한 투자기업이 수질오염, 농작물피해, 악취 등에 항의하는 지역주민 200여 명의 습격을 받아 약탈당하기도 했다. "검은 고양이든 흰 고양이든 쥐만 잘 잡으면 되는 것 아니냐"는 덩샤오핑의 가르침에 "우린 지금 녹색고양이가 필요하단 말이오"라고 거칠게 반박하는 칼럼이 중국 관영언론에 등장할 지경에 이르렀다.

선진국에 비해 크게 낮은 에너지 효율도 중국의 발목을 잡는 문제다. 중국은 미국에 이어 세계 2위 원유수입국이다. 그만큼 많은 에너지를 쓰고 있다는 뜻이다. 물론 많은 에너지를 쓰는 만큼 생산성이 높으면 상관없다. 그러나 중국이 국내총생산(GDP) 1달러에 투입하는 에너지 소모량은 일본의 11.5배, 프랑스와 독일의 7.7배, 영국의 5.3배, 미국의 4배라는 조사결과가 있다. 에너지 효율이 낮다는 사실은 경제가 성장할 때 상대적으로 훨씬 많은 오염물질을 쏟아낸다는 것이다. 즉, 중국 산천이 그만큼 골병이 든다는 뜻이기도 하다.

티베트와 위구르, 중국 발목을 잡다

2009년 7월 이탈리아에서 G8 정상회의가 열렸다. 이 회의에 초대된 후진타오 중국 국가주석은 단연 주목대상이었다. 그런데 회의가 막 시작될 즈음 후진타오 주석이 모든 일정을 중단하고 황급히 귀국길에 올랐다. 중국 신장위구르자치구에서 180여 명이 숨지고 수천 명이 부상을 입은 유혈사태가 벌어졌기 때문이다.

미국 발 금융위기를 수습하기 위해 열린 G8회의는 중국이 자신들의 목청을 높일 수 있는 절호의 기회였다. 하지만 위구르 유혈사태는 모든 걸 물거품으로 만들었다. 후진타오 주석은 오바마 미국 대통령과의 'G2회담'과 북핵 문제 등을 조율하려던 이명박 대통령과의 정상회담도 취소했다. G8회의를 마치고 포르투갈에 국빈방문을 하려던 계획도 무산됐다. '욱일승천하는 용'으로 거칠 것이 없어 보이던 중국에겐 치욕이나 다름없는 상황이었다.

소수민족 문제는 빈부격차, 환경오염, 공무원 부패와 함께 중국의 최대 아킬레스건 중 하나라는 사실이 다시 한 번 확인됐다.

중국은 인구의 91.6%를 차지하는 한족 외에 55개 소수민족으로 구성돼 있다. 중국 인구 13억 명 중 8.4%를 차지하는 소수민족이 사용하는 언어는 80여 개에 이르고 이들이 사용하는 문자도 약 30종류에 이른다.

그러다보니 중국 인민폐에는 세계 기록이 하나 담겨 있다. 위안화 가치를 표시하는 문자가 무려 6개에 이른다. 한자와 영어 외에도 인민폐에는 티베트어, 위구르어, 몽골어, 쫭족어가 표기돼 있다. 인종의 용광로라 불리는 미국이 달러화에 달랑 영어 하나만 표기해 놓은 것과 비교하면 좋은 대조가 아닐 수 없다. 그만큼 중국을 구성하고 있는 56개 민족은 제각기 뿌리 깊은 역사와 문화를 지니고 있을 뿐 아니라 그들 각자의 정체성도 견고함을 상징적으로 보여준다.

13억 인구에 파묻혀 소수민족이라 불리고 있으나, 쫭족 인구는 1,600만 명에 이르고 만주족도 1,000만 명을 웃돈다. 조선족은 약 190만 명으로 소수민족 중 인구 순위 14위에 해당한다. 하지만 이 밖의 소수민족들은 한족이라는 거대한 용광로에 흡수된 경우가 많았다. 실제로 중국은 1952년까지 등록돼 있던 400여 개 소수민족을 55개 민족만 남겨놓고 통합시켜 버렸다.

중국은 러시아, 캐나다, 미국에 이어 세계에서 4번째로 국토가 넓은 나라이며 국경선 길이도 2만 2,117㎞로 세계 1위다. 육상에서 국경을 맞댄 나라만 무려 14개국으로 이 부문에서도 세계 1위다. 국경 외부 문제만으로도 동서남북에서 바람 잦을 날이 없다는 뜻이다. 그러니 국경 내부의 소수민족이 분리 · 독립 움직임을 보이지 않도록 다독거리는 일은 그야말로 국정 최우선 과제일 수밖에 없다.

2006년 완공한 칭짱철도는 그런 노력 가운데 하나다. 칭하이성 시닝과 티베트 라사를 잇는 총연장 1,956㎞의 칭짱철도는 평균 해발고도 4,500m로 세계에서 가장 높은 철로를 갖추고 있다. 세계 최대 수력댐인 산샤댐과 더불어 만리장성 이후 최대 역사 중 하나로 꼽힌다. 무려 22년에 걸친 공사 끝에 완공된 이 철도 개통으로 티베트와 중국 중심부의 물리적인 거리는 한층 좁혀졌다. 칭짱철도가 개통되기 전 티베트 지역에서는 시멘트가

격이 중국 본토보다 2~3배 높았다. 그 가격 차이가 대폭 축소된 사실이 티베트와 중국 본토 사이의 좁혀진 물리적 거리를 상징한다.

소수민족을 한족에 융화시키기 위한 우대정책도 다양하게 펼쳐진다. 대학입시에서 소수민족에게 쿼터를 배정해 우대하는 것은 물론, '1가구 1자녀' 산아제한 정책도 소수민족에게는 예외를 인정한다. 1990년과 2000년 사이 한족 인구가 11.2% 증가한 데 비해 소수민족 인구는 16.7% 증가한 것은 그런 정책의 결과다. 이에 따라 소수민족 인구비중은 같은 기간 8.0%에서 8.4%로 높아졌다.

그러나 중국이 온갖 구애작전을 펼쳐도 언어와 역사, 문자가 뚜렷이 구분되는 민족이 융화되기란 쉽지 않다. 더구나 종교가 다르고 중국에 복속된 역사가 짧은 민족이라면 융화는 더욱 어려울 수밖에 없다. 그 대표적인 민족이 서북지역 위구르족과 서남지역 티베트족이다.

사회주의 국가였던 중국은 종교의 자유를 인정하면서도 포교 행위는 금지하는 독특한 종교정책을 펼치고 있다. 이에 따라 대다수 시민들이 무신론이거나 전통적인 기복신앙에 의지하고 있다. 이에 비해 위구르민족은 이슬람교를 믿고 있고 티베트민족은 달라이 라마를 정신적 지도자로 하는 티베트불교를 믿고 있다.

중국에 복속된 역사도 그리 길지 않다. 티베트가 중국 영토에 편입된 시점은 청나라 때인 1720년으로 거슬러 올라간다. 그러나 청나라 조정이 티베트의 내부 사정에 개입하는 일은 극히 드물었다. 그래서 티베트인들은 달라이 라마만 알고 조정은 모른 채 200년 가까이 지내왔다. 그런데 1888년 영국이 티베트를 침공했다. 청나라 군대가 1913년 티베트에서 완전히 물러나고 티베트는 독립을 선포했지만, 중화인민공화국 수립 이듬해인 1950년 중국은 다시 티베트를 강제 합병했다. 그 결과 티베트 수도 라사에서 1959년 독립을 요구하는 무장봉기가 일어났고 달라이 라마는 인도로 가 망명정부를 수립하기에 이르렀다. 이들은 무장봉기 30주년인 1989년에도 대규모 시위에 나서 독립에 대한 열망이 식지 않았음을 보여줬다. 위구르족은 과거 흉노족이라 불리며 중국을 끊임없이 위협하던 민족이다. 터키계 민족으로 1864년과 1944년 동투르키스탄이라는 독립국을 세웠지만, 1949년 중화인민공화국이 수립될 때 합병됐다.

서부내륙에 위치한 티베트와 신장위구르는 각각 중국 국토의 1/8과 1/6을 차지하고 있으며, 이를 합치면 중국 영토의 30%에 이른다. 역사, 종교, 언어, 인종이 중국과는 이질적인 지역이다. 그런데 동부 연안에서 먼저 돈을 번 한족들이 가난한 내륙지역까지 몰려와 상권까지 장악하고 있으니 갈등은 증폭될 수밖에 없다. 베이징올림픽을 앞둔 2008년과 2009년, 티베트인들과 위구르인들이 유혈시위를 벌인 일은 어찌 보면 필연적인 사건인 셈이다.

만년설에 뒤덮인 '중국의 상수원' 티베트, 천연가스를 뿜어내는 '중국의 에너지 혈관' 신장위구르. 중국으로서도 이들 지역은 포기할 수 없는 땅이지만 그들 민족으로서도 독립을 포기하기는 어려워 보인다.

중국의 소수민족 문제는 국제사회 문제이기도 하다. 위구르족의 대모로 불리는 레비야 카디르 세계 위구르협회장 등은 2009년 중국에서 유혈시위사태가 벌어지자 미국 워싱턴DC에서 푸른 바탕에 초승달이 그려진 동투르키스탄 국기를 흔들며 시위를 벌였다. 프랑스 파리 등 전 세계 주요 도시에서도 위구르인들의 반중시위가 이어졌다.

위구르족과 동족이면서 언어도 비슷한 터키는 시위사태를 유엔 안전보장이사회에 회부해야 한다며 중국을 압박하기도 했다. 중국이 다양한 방식으로 이슬람권에 공을 들여왔으나 위구르족 문제가 이슬람권 여론을 악화시킬 가능성도 있는 것이다. 위구르 유혈사태가 벌어졌을 때 사태수습 책임은 시진핑 국가 부주석이 맡았다. 후진타오 주석의 후계자로 지목된 시진핑이 책임을 졌다는 것 자체가 중국이 이 일에 얼마나 신경을 곤두세웠는지 보여주는 것이다.

중국 외교는 원자재 확보, 제3세계 끌어안기에 초점을 맞추고 있다. 그러나 사실은 대만, 티베트, 신장위구르 독립운동을 봉쇄하는 데 더 높은 우선순위를 부여하고 있다. 그래서 달라이 라마 또는 레비야 카디르를 초청하는 나라에 대해서는 가차 없이 보복에 나선다. 해당국 대사를 소환해서 엄중 항의하는 것은 기본이고 정부 인사들의 상호 방문뿐 아니라 국제회의도 취소해 버린다. 넉넉해진 자금사정과 눈부시게 성장한 경제력을 바탕으로 국제사회 인심을 얻다가도 한순간에 서로 적대국처럼 으르렁거리게 만드는 중국 외교의 시한폭탄이 바로 대만 문제와 소수민족 문제다.

팍스 아메리카
아직도 작동한다

도전 받지만 여전히 강한 미국 달러

미국이 20세기 초 영국으로부터 세계 최강대국의 지위를 물려받은 지 100여 년이 지났다. 1세기라는 긴 시간 동안 세계를 이끌어온 미국의 힘은 어디서 나오는 것일까? 핵무기, 항공모함을 중심으로 한 군사력? 아니면 13조 달러가 넘는 세계 1위 GDP? 그것도 아니면 전 세계에서 가장 발달한 민주주의?

어느 것 하나 미국을 최강대국으로 만드는 데 기여하지 않은 것이 없지만, 결정적인 요소가 하나 빠졌다.

전 세계에서 기축통화 자리를 굳게 지키고 있는 '달러'다. 국제 간 무역 결제나 금융거래, 가치를 측정하는 수단으로 달러화를 사용하고 있다는 뜻이다. 자국의 돈이 전 세계에서 통용된다는 것은 상상할 수도 없을 만큼 즐거운 일이다. 해외에 나가서 환전을 하지 않아도 된다는 단순한 이유뿐 아니라 전 세계경제를 장악할 수 있는 수단으로 이용할 수도 있다.

아주 단적인 예를 들어 해외에서 물건이 필요하면 달러를 찍어내서 사면 그만인 것이다. 이 때문에 그동안 미국 국민들은 무역 적자를 크게 걱정하지 않고 엄청난 소비를 해올 수 있었다. 물론 달러를 계속 찍어내기만 하면 통화량이 늘어나 인플레이션과 같은 국가적인 부담을 초래할 수도 있다. 하지만 기축통화라면 이런 부담은 훨씬 덜하다. 세계 각국이 무역결제와 금융거래 안정을 위해 일정량의 기축통화를 자국 창고에 쌓아두기 때문에 통화량을 늘려도 일반 화폐보다는 인플레이션 부담이 적어지게 된다.

더구나 적절히 통화량을 조절하면서 세계경제를 쥐락펴락할 수도 있다. 달러화 가치가 높아 자국 기업의 수출에 불리하다면 달러 공급을 늘리면 된다. 달러화 가치가 너무 낮아 인플레이션 우려가 있다면 채권을 발행해 달러화를 걷어들이면 된다. 이런 큰 그림에서 본다면 달러화 공급량에 따라 미국을 제외한 세계 각국의 경제와 화폐가치가 출렁이게 돼 전 세계는 결국 미국의 경제에 예속될 수밖에 없다. 아무리 미국의 라이벌로 부상하고 있는 중국이라도 달러 가격에 크게 신경을 쓸 수밖에 없는 이유가 여기에 있다. 한마디로 달러는 핵무기보다도 강력한 공격 수단인 셈이다.

물론 이런 상황이 최근에는 조금씩 변하고 있다. 미국이 최강대국 지위를 굳건히 지키던 시절에는 모든 나라들이 달러를 기축통화로 사용하는 것을 당연하게 받아들였다. 그러나 2008년 금융위기로 달러의 지위가 흔들리자 새로운 기축통화가 필요하다는 주장이 제기되기 시작했다.

중국의 후진타오 국가 주석은 2009년 4월 런던에서 열렸던 주요 20개국(G20) 회담에서 "새로운 국제금융 시스템 구축과 함께 기축통화 변화가 요구된다"고 문제를 제기했다. 브라질의 룰라 대통령도 달러를 대체할 기축통화가 필요하다면서 화답하고 나섰다. 러시아도 이런 주장에 동의하고 있다. 이들 나라들은 달러화를 사용하지 않고 무역대금을 자기네들의 통화로 결제하는 방안을 추진해나가고 있다. 중국은 이미 홍콩과 마카오, 아세안 국가와 수출입결제를 할 때 달러화 대신 위안화를 사용할 수 있도록 허용했다.

그동안 미국이 달러를 기축통화로 사용하면서 누려왔던 행복을 다른 나라들이 넘보기 시작했다는 뜻이다. 1944년 미국 뉴햄프셔주 브레튼우즈에 각국 대표들이 모여앉아 달러를 세계 기축통화로 사용하자고 합의할 당시만 하더라도 미국 은행에 35달러를 가져가면 금 1온스를 내주도록 돼 있었다. 그런데 베트남전쟁을 계기로 미국 무역적자와 재정적자가 크게 늘어나자 달러를 금으로 바꿔놓으려는 나라들이 많아졌다. 그러자 미국은 달러를 금으로 바꿔주던 브레튼우즈체제를 공식적으로 폐기해버렸다. 그러다 보니 만약 달러화가 기축통화 지위를 잃는다면 그야말로 종이 조각에 불과하다는 말까지 나올 정도다.

2조 달러라는 사상 초유의 외환보유액을 움켜쥔 중국이 가장 큰 불안과 불만에 쌓여있다. 쓸모없는 종이 조각으로 가치가 급락할 수도 있는 달러화를 왜 이처럼 많이 갖고 있느냐는 국내 지식층들의 반발도 무마시켜야 한다.

하지만 아직은 달러의 위상이 쉽게 무너지지 않을 것이라는 것이 전문가들의 공통적인 의견이다. 국제통화기금(IMF)에 따르면 2008년 말 전 세계 외환보유액의 64%는 달러화로 돼 있다.

기축통화는 거대한 경제력과 시장뿐 아니라 낮은 인플레이션과 안정적인 환율, 국제 시장에서의 광범위한 거래, 금융시장 투명성, 정치적 안정, 강력한 군사력 등이 종합적으로 뒷받침돼야만 가능한 것이다.

2008년 미국 발 금융위기가 시작됐을 때를 생각해 보자. 상당수 성급한 전문가들은 달러화 폭락 가능성을 제기했다. 그러나 현실은 정반대였다. 위기상황이 발생하자 모든 나라가 달러화를 확보하려고 아등바등했다. 달러화가 모자라는 나라는 곧바로 부도위기 국가로 지목됐다. 원유와 천연가스가 많은 러시아, 반도체 · 조선 · 자동차 생산강국인 한국도 예외가 아니었다. 모든 나라와 투자자들이 위기의 순간이 닥치자 가장 안전한 자산으로 달러화를 지목했기 때문이다. 미국에서 금융위기가 터졌는데도 달러화 가치가 급등한 희한한 현상 뒤에는 여전히 미국을 신뢰하는 지구촌의 공감대가 자리 잡고 있다.

중국이 경제·군사·외교적으로 무섭게 성장하고 있지만 정치적 안정, 사회 투명성, 위안화의 광범위한 거래 가능성, 국제사회의 신뢰 등 종합적인 국력에 있어서는 미국에 한참 뒤지는 것도 사실이다. 더구나 중국은 끊임없이 무역흑자 행진을 벌이고 있다. 외국 돈을 중국으로 가져가기만 할 뿐 위안화를 세계시장에 내놓지 않고 있으니 국제사회에서 위안화를 무역결제나 금융거래에 사용하려고 해도 사용할 방법이 없다.

중국도 이런 사정을 잘 알고 있기에 성급하게 나서지는 않고 있다. 2009년 7월 허야페이 중국 외교부 부부장은 "슈퍼통화 만들자는 의견은 학계의 논의이지 중국 정부의 입장은 아니다"며 한발 빼기도 했다.

중국, 브라질 등 신흥국 부상으로 달러화의 위상이 점점 약해지는 것이 사실이지만 그렇다 하더라도 달러 대신에 국제사회에서 광범위하게 통용될 새로운 기축통화가 앞으로 5년 또는 10년 이내에 혜성처럼 등장할 가능성도 지금으로서는 크지 않아 보인다.

글로벌 자금흐름 미국이 꿰뚫어 본다

2007년 3월 베이징에 남북한뿐 아니라 미국·일본·러시아 대표들을 불러모은 중국은 의기양양했다. 북한이 2006년 10월 핵실험을 강행하면서 동북아시아 긴장이 파국으로 치닫고 있을 때 '북한의 맏형'을 자처하며 중국이 나선 것이다.

줄곧 북핵 6자회담 의장국을 맡아온 중국은 이때 북한을 대화의 장으로 불러내면서 그 영향력을 대외에 과시하는 듯했다. 베이징에서 열린 6자회담 결과도 성공적이었다.

당시 핵심이슈는 마카오 방코델타아시아(BDA)에 동결돼 있던 북한 자금 2,500만 달러를 인출하는 문제였다. 미국 재무부가 불법거래 의혹을 제기하며 동결시켜 놓은 이 돈을 북한이 빨리 내놓으라고 버티자 협상은 교착상태를 맴돌고 있었다. 그런데 베이징 6자회담에서 이 돈을 북한에 돌려주는 합의를 이뤄냈으니 중국으로서는 엄청난 정치력을 발휘한 셈이었다.

문제는 그 다음이었다. 정치적 합의는 이뤄졌지만 북한은 자금을 인출할 수 없었다. 불법자금을 중개했다는 꼬리표가 붙게 될 것을 걱정한 은행들이 미국 재무부 눈치만 보고 있었기 때문이다. 심지어 중국 은행들마저도 미국 재무부 눈치를 보느라 BDA 자금을 북한으로 옮기는 데 협조하지 않았다. 미국 대형은행 와코비아는 한 때 자금중계 은행으로 지목되자 "앞으로 문제 삼지 않겠다는 면책각서를 먼저 내놓으라"고 미국 재무부에 요청하기도 했다.

이런 곡절을 겪고서 마카오 BDA에 동결돼 있던 북한자금 2,500만 달러가 러시아 은행의 북한 계좌로 넘어간 것은 2007년 6월의 일이었다. 중국이 정치적 합의를 이끌어 낸 뒤 3개월 동안 모두 미국 재무부만 지켜보고 있었다는 뜻이다. 이처럼 세계 금융회사들이 미국 재무부 눈치를 살피고 있는 것은 미국이 금융결제시스템을 장악하고 있기 때문이다.

11대 0. 지난 1999년 3월 글로벌 은행순위를 꼽았을 때 20위권 내에 들어간 미국과 중국의 은행 수다. 이는 시가총액을 기준으로 한 순위로 은행의 힘을 그대로 반영한다고 보기는 힘들지만, 어쨌든 10년 전만 하더라도 세계 금융권이 미국 천하였음을 보여주는 지표 중 하나다.

씨티그룹, 뱅크오브아메리카(BOA), 웰스파고 등 전 세계 자금을 주무르는 대형 은행들을 많이 보유하고 있으면 이래저래 이로운 점이 많다. 해외 기업들에게 대출을 해주거나 채권을 매입하면서 그들의 경영권에 간섭할 여지도 갖는다. 또 골드만삭스나 모건스탠리와 같은 유명 투자전문은행(IB)들은 다른 나라 기업들의 주식, 부동산, 증권을 사들일 때 그 이름값만으로도 가격을 상승시켜 막대한 부를 미국에 안겨준다.

유럽계이긴 하지만 소버린펀드가 과거 SK그룹 경영권을 위협하던 때를 생각해 보라. 그래서 혹자는 반도체, 자동차를 피땀 흘려 만드는 것보다 금융을 육성하면 더 쉽게 돈을 벌 수 있다고 말하기도 한다.

세계 금융시장을 장악하면 이런 경제적 이익 외에도 즐거운 일은 많다. 각 나라의 자금흐름을 꿰뚫어 볼 수 있기 때문이다. 미국 재무부가 마카오의 작은 은행 BDA에 북한 자금이 숨겨져 있다는 사실을 알아낸 그 엄청 난 저력을 보라.

어디 은행뿐이겠는가. 세계인들이 다른 나라에 관광이나 출장을 가서 신용카드를 쓰려면 거의 예외 없이 비자나 마스터카드 딱지가 붙어 있어야 한다. 이들이 쇼핑하고 숙박비를 낸 정보는 고스란히 미국으로 흘러들어간다.

1997년 한국에 외환위기가 닥쳤을 때 저승사자처럼 군림하던 무디스, 피치, S&P라는 이름이 기억나는가. 당시 한국인들에겐 이름조차 생소했던 이런 신용평가회사들이 한국의 신용등급을 낮추자 외국자금이 썰물처럼 한국에서 빠져나갔다. 자신들의 잣대로 신용도를 높이기도 하고 낮추기도 하는 이들 미국계 사설 신용평가회사들(피치는 미국과 영국 합작)은 글로벌 금융시장에서 무소불위의 권력을 휘두르고 있다. 이들이 신용등급을 낮췄다는 소식이 들리자마자 해당 기업의 주가는 폭락하고 심지어 국가마저도 휘청거리는 사례가 허다하다.

금융위기가 몰아친 직후인 2009년 3월 글로벌 은행순위(시가총액 기준)에는 지각변동이 일어났다. 중국공상은행, 중국건설은행, 중국은행 등이 1~3위를 싹쓸이했고, 10년 전 1위였던 씨티그룹은 20위권 내에도 들지 못했다. JP모건체이스, 골드만삭스, 웰스파고 등이 10위권 안에 들면서 체면을 유지했을 뿐이다.

중국 공상은행은 2007년 10월 무려 56억 달러를 쏟아부어 아프리카 최대은행인 스탠다드은행 지분 20%를 사들이며 최대 주주로 부상했다. 또 중국투자공사(CIC)는 미국 2위 투자은행인 모건스탠리의 지분을 10%가량 사들이는 등 중국 금융권은 인수·합병을 통해 하루가 다르게 덩치를 키워가고 있다.

그러나 시가총액이 높아지고 덩치를 키운다고 해서 은행이 곧바로 영향력을 확보하게 되는 건 아니다. 더구나 은행자산 기준으로는 JP모건체이스와 뱅크오브아메리카(BOA)가 2008년 말에도 여전히 1·2위를 유지하며 미국 금융사들의 높은 위상을 보여주고 있다.

중국이 세계 신용카드시장에서 비자카드와 마스터카드에 대항하기 위해 국가 브랜드로 발족시킨 '유니언페이(중국명 인롄, 銀聯)' 카드가 2004년부터 전 세계로 진출하고 있다. 그러나 아직은 역부족이다. 세계 51개국에서 사용할 수 있다고 주장하고 있지만, 호텔과 공항 주변 상점에서 사용할 수 있거나 현금인출을 할 수 있는 정도가 고작이다. 중국인들의 해외관광이 늘어남에 따라 유니언페이카드를 사용할 수 있도록 한 각국 상점들이 증가하겠지만 비자나 마스터카드를 따라잡으려면 오랜 시간이 필요한 것으로 보인다.

중국수출신용보험이 미국 국가신용등급을 처음으로 강등했다. 또 프랑스, 영국, 스페인 등 유럽연합(EU) 국가를 포함해 48개국 신용등급을 무더기로 하향 조정했다. 중국 제품을 수입하는 미국과 EU 지역 수입업체들이 물품 인수를 거부하거나 대금결제를 불이행하는 등 계약을 위반하는 사례가 크게 늘어나고 있는 데 따른 조치다.

2008년 12월 중국수출신용보험은 〈2008년 국가위험도 분석 보고서〉를 통해 미국을 포함한 프랑스, 영국 등 48개국 신용등급을 일제히 강등시켰다. 2005년부터 191개국을 상대로 신용평가를 실시하고 있는 중국수출신용보험이 미국 발 금융위기 후 취약해진 서방국들의 신용등급을 과감하게 조정한 것이다. 그러나 이런 중국의 신용평가 조정을 주목하는 나라는 거의 없었고 AP, AFP 등 서방 언론들은 아예 보도조차 하지 않았다. 당연히 세계 금융시장에 미치는 영향도 전혀 없었다.

미국 신용평가사들에 호되게 당한 기억을 가진 아시아 각국들은 공동으로 신용평가회사를 만들려는 노력도 진행하고 있다. 그러나 전 세계 금융시장을 장악하고 있으며, 그 자금흐름과 결제과정을 속속들이 들여다보고 있는 미국에 맞서 중국을 비롯한 신흥국들이 영향력을 형성할 수 있기까지는 적지 않은 시간이 필요해 보인다.

할리우드와 실리콘밸리의 아성

〈우주전쟁〉, 〈터미네이터〉, 〈인디펜던스데이〉. 세계를 위기에서 구해내는 할리우드 영화들은 무수히 많다. 이들의 공통점은 무엇일까. 하나같이

실리콘밸리 인재의 산실인 스탠포드 대학교 전경

미국이 전 세계를 대표해서 악의 세력과 맞붙어 싸운다는 내용이다.

영화를 보는 세계인들이 마음속으로 미국을 응원하면서 인류가 이기기를 기원하게 되는 것이 당연하다. 알게 모르게 그들의 마음속에 미국은 세계 최강이자 인류 대표주자라는 생각이 남을 수밖에 없다. 워너브러더스, 파라마운트, 유니버셜, 디즈니 등 미국 대형 영화사들은 미국 문화 전파의 첨병 역할을 하면서 커나가고 있다. 유니버셜의 경우 1년 순이익이 1억 달러를 훌쩍 넘는다.

영화뿐만 아니라 음반, 뮤지컬, 서적 등 미국 대중문화는 일일이 열거할 필요도 없이 세계 최정상급 수준에 있다. 세계 최고의 문화 중심지로 일컬어지는 뉴욕은 233개소의 박물관·미술관·도서관을 보유하고 있고, 1,303개의 공연 기획사, 17개 교향악단이 활동을 하고 있다. 뉴욕은 세계적인 패션 중심지로서 12만 명의 패션의류 전문 인력이 활동하며 관련 산업에서 연간 300억 달러 이상의 부가가치를 창출하고 있다.

미국 대중문화가 세계 공용어인 영어를 사용하고 다민족에 의해 만들어지고 있다는 것도 중국에 비해 유리한 점이다.

반면 중국은 오랜 역사를 지닌 문화강국이라 자처하면서도 걸음마 단계인 문화 산업을 보호하기 위해 아직도 외국문화 유입을 통제하고 있는 단계다. 미국 할리우드 영화는 1년에 15편 정도만 들여올 수 있도록 제한돼 있다. 또한 중국 중심의 민족주의와 사회주의 이데올로기 역시 뛰어넘어야 할 과제다.

중국 전역의 극장 체인망은 2006년 말 1,325개, 스크린 수는 3,098개를 넘어서며 영화 산업 발전의 토대는 마련되고 있다. 그러나 중국이 미국이라는 거대한 벽을 넘어 세계에 중국 문화를 전하기 위해서는 우선 시장 개방을 통해 경쟁력을 키우는 게 급선무로 보인다.

구글, 인텔 등을 앞세운 미국 IT 산업도 중국에는 만만치 않은 존재다. 세계 최대 검색업체 구글은 2008년 66억 달러(약 8조 2,000억 원)에 달하는 영업이익을 올렸다. 중국의 바이두가 중국시장에서 점유율이 60%를 웃돌 정도로 급성장하고 있다지만, 2008년 영업이익은 1억 5,000만 달러에 그쳤다. 더구나 중국 정부당국의 검열은 앞으로도 중국 인터넷산업의 성장을 제한할 요인으로 풀이되고 있다.

컴퓨터 운용체제인 '윈도우'를 만든 마이크로소프트(MS)의 위치도 독보적이다. 중국이 마이크로소프트의 아성을 무너뜨리기 위해 핀란드의 '리눅스' 사용을 늘리고 있지만 달러의 기축통화 지위만큼 윈도우의 아성을 허무는 것은 쉽지 않아 보인다. 세계에서 가장 성숙한 자유 민주주의에 각 나라의 문화를 녹여 창의성을 발휘하고 혁신을 이루는 미국 소프트파워에 사회주의 잔재를 지닌 중국이 도전하기란 만만치 않은 것 같다.

2008년 5월 중국이 세계에서 가장 긴 다리를 개통했을 당시를 보자. 상하이와 닝보 사이를 잇는 항저우만대교가 그것인데, 이 다리의 길이는 36㎞에 달한다. 한때 세계 최장 다리라는 명성을 지녔던 미국 메릴랜드주 체사피크만 터널브리지보다 8㎞가량 더 길다. 이쯤에서 '역시 만리장성을 쌓은 민족의 후예'라고 감탄할 일이라고 생각하겠지만 정작 주목해야 할 건 그게 아니다.

항저우만대교가 개통된 날 그 지역 일대는 교통지옥이었다. 축하 인파나 관광객이 너무 많아서라기보다는 교통정보와 안내가 엉망이었기 때문이다. 다리는 오후 12시에 개통될 예정이었지만 대다수 운전자들은 오전 12시에 개통되는 것으로 잘못 알고 몰려들었다. 상하이를 빠져나가는 톨

게이트에서마저도 "지금 가면 된다"고 안내할 정도로 교통정보가 엉터리였다.

또 다리가 개통되자마자 사진을 찍기 위해 멈춰선 차량들로 인해 연달아 사고가 발생했다. 다리 개통 후 1시간도 지나지 않아 다리 위에서 2건의 사고가 발생했다. "5㎞를 가는데 3시간이 걸렸다"는 불만이 터질 지경이다 보니 다리 위에서 소변을 보는 운전자들까지 생겨났다. 이때 중국 교통당국이 내놓은 대책이 그야말로 기상천외한 것이었다. "사진 찍으려는 운전자가 생기지 않도록 당분간 다리 위 야간 조명등을 꺼버리겠다"는 것이었다.

중국이 2007년 고속도로 건설에 쏟아부은 돈은 7,500억 위안(137조 원)에 달한다. 그 덕에 전국에 새 길이 뚫리고 마이카 열풍이 불고 있다. 중국 자동차 판매량이 미국을 추월한 사실은 경이롭기까지 하다. 그러나 중국에서 교통정체를 경험해보고 나면 생각이 달라진다.

한국에서는 상습 교통정체지역에 노점상이 몰려나와 대개 걸어다니며 간식거리를 판다. 그런데 중국의 고속도로 상습 정체지역에선 노점상들이 자전거를 타고 다니면서 달걀, 라면 등을 판다. 역시 자전거의 나라여서 그런가보다 하고 생각하면 착각이다. 한 번 길이 막히면 3~4시간 정도는 꼼짝달싹하지 못하고 그대로 서 있어야 할 때가 적지 않기 때문이다.

필자도 올림픽을 앞둔 시기에 베이징 외곽에 나갔다가 돌아오면서 그런 끔찍한 교통정체를 경험한 적이 있다. 왕복 6차선의 고속도로에서 교통정체가 시작되자 화물차 운전자들은 이불을 꺼내 그대로 잠을 청하기 시작했다. 이 지역의 교통정체가 매일 이 시간대에 상습적으로 이뤄지고 있음을 의미한다.

"교통경찰은 대체 뭐하는 거야"라고 불만을 터트릴 즈음 경찰차 6대가 요란한 사이렌을 울리며 반대편 차로의 갓길을 역주행해 올라오고 있었다. '이제 해결책을 찾으려나 보다' 하고 기대했는데 착각이었다. 이들 경찰차는 고급 승용차 1대를 앞뒤로 호위하며 베이징으로 그냥 내달렸을 뿐이다.

중국이 제조업이나 일부 첨단기술 산업에서 눈부신 성장을 거듭하고 있는 것은 사실이다. 주요 도시에선 하루가 다르게 마천루가 솟아 오르고 있다. 그러나 이런 시설들을 자유로우면서도 안정되게 운영할 소프트웨어를 갖추지 못한다면 그야말로 이는 '밤길에 비단 옷을 걸친 꼴' 이다.

영화, 디자인, 컴퓨터 소프트웨어 등으로 상징되는 문화와 혁신산업에서 미국을 따라잡으려면 중국은 아직도 멀고먼 자기혁신의 과정을 거쳐야 한다.

팍스 차이나
견제하는 경쟁국

'아시아 대표'로 남으려는 일본

2009년 7월 말 버락 오바마 미국 행정부 들어 워싱턴에서 처음 열린 미·중 전략대화는 G2시대를 전 세계에 각인시키는 자리였다.

Part 1에서도 언급한 바 있지만, 조지 W. 부시 전 대통령 시절인 2006년부터 미국과 중국은 경제전략대화라는 이름으로 매년 두 차례 1대 1 대화를 열었는데, 처음에는 미국이 일방적으로 중국을 몰아붙이던 자리였다. 엄청난 무역적자에 시달리던 미국이 "위안화를 평가절상하라"고 다그치기 위한 회담이었다. 당시 폴슨 미국 재무장관의 이름을 붙여 '폴슨 효과' 라는 말이 나올 지경이었다. 미·중 경제전략대화에서는 항상 위안화 평가절상을 요구하는 미국의 목청이 커지기 때문에 회담 직전에 위안화 가치가 상승하는 현상을 일컬었던 말이다.

그러나 2009년 미·중 전략대화 분위기는 확 바뀌었다. 우선 재무부가 주도하던 회의에 국무부까지 가세해 경제전략대화에서 정치·경제를 아우르는 전략대화로 격이 높아졌다.

오바마 대통령은 개막식에서 《맹자》에 나오는 구절을 인용해 "산 중에 난 좁은 길도 계속 다니면 길이 되고, 다니지 않으면 막힌다"고 연설했다. 힐러리 클린턴 국무장관도 중국 속담을 인용해 "사람의 마음이 모이면 태산도 옮길 수 있다"며 중국의 환심을 샀다. 그러자 왕치산 부총리 등 중국 대표들의 얼굴엔 미소가 번졌고, 다음날 신화통신은 "수교 30년 만에 중·미 관계가 새로운 기점에 섰다"고 보도했다. 미국은 이 회담에서 위안화 평가절상을 요구하기보다 '한 배를 탔다' 며 중국을 끌어안기에 바빴다.

미국과 중국을 'G2' 라고 부르면 미국 지식층은 대체적으로 신경질적인 반응을 보이고, "중국은 아직 멀었다"며 손사래를 친다. 그러나 중국이 세계 최대 외환보유국으로 올라서고 미국 국채를 가장 많이 보유한 나라가 되면서 사정이 달라진 건 분명하다. "혹시 중국이 미국 국채나 달러를 갑자기 내다팔지 않을까" 하며 미국도 중국 눈치를 살피고 있는 중이다.

지구촌이 미국과 중국의 이런 관계변화를 흥미진진하게 바라보고 있는 동안 가장 큰 소외감을 느끼는 나라가 바로 일본이다. 아시아 대표선수 자리에서 밀려났기 때문이다. 일본인들은 조지 W. 부시 전 미국 대통령과 고이즈미 준이치로 전 일본 총리의 밀월을 기억하고 있다. 그런데 버락 오바마 정부가 들어선 이후 미국 정부가 중국을 중시하고, 중국도 일본을 스쳐 지나가자 섭섭한 심정을 억누르기 힘들 것이다.

세상 인심이 야속하기도 했을 듯하다. 일본이 세계 최대 외환보유액을 갖고 있을 때, 그리고 미국 국채를 가장 많이 보유하고 있을 때 미국은 항상 일본에 먼저 구애의 손짓을 보냈다. 그런데 중국이 미국 국채를 가장 많이 움켜쥐자마자 외교질서가 달라지고 있다.

중국도 마찬가지다. 미국이 각종 첨단기술을 중국에 수출하지 못하도록 제한하고 있을 때에는 첨단기술을 얻기 위해 일본에 구애전략을 펼쳤다. 2007년 12월 후쿠다 야스오 일본 총리가 중국을 방문했을 때 중국이 보여준 파격적인 예우는 일본인들마저 깜짝 놀랄 정도였다. 후쿠다 총리가 베이징대에서 강연하는 장면은 중국 관영중앙방송(CCTV)이 전국에 생중계했는데 이는 전례를 찾기 힘든 일이다.

또 후쿠다 총리가 "일본을 방문한 원자바오 총리에게 언제 한번 야구나 하자고 했었는데 회신이 없었다"고 농담 삼아 말하자 다음날 원자바오 총리가 야구유니폼을 입고나와 당초 일정에 없던 야구놀이를 하기도 했다. 그러던 중국도 미국이 첨단기술 수출제한을 해제하려는 움직임을 보이자 곧바로 미국으로 달려가고 있다.

일본이 얼마나 큰 소외감을 느끼고 있는 지는 미·중 전략대화 분위기가 고조될 즈음 '위구르의 대모'로 불리는 카디르 세계위구르협회장을 일본으로 초청한 사실을 통해 알 수 있다. 중국의 아킬레스건을 건드리고 나선 것이다.

과거 프랑스 정부가 달라이 라마의 방문을 허용하자 중국은 유럽에 경제사절단을 보내면서 프랑스만 쏙 빼놓는 방식으로 보복했다. 곧이어 원자바오 총리가 유럽을 순방할 때에도 프랑스를 제외하는 방식으로 프랑스에 분풀이를 했다.

이런 사실을 잘 알고 있는 일본이 카디르 회장을 초청한 것은 중국을 자극하려는 의도였다고 해석할 수밖에 없다. 당시 중국은 위구르 유혈시위 사태를 배후 조종한 인물로 카디르를 지목하고 관영언론을 통해 맹비난하던 시기였다. 당연히 중국과 일본 사이에 외교마찰이 일었다. 중국이 베이징 주재 일본대사를 즉각 소환하는 맞대응 전략으로 일본의 딴지 걸기에 응수했다. 항상 신중한 외교 행보를 보이는 일본이 얼마나 깊은 소외감에 빠졌으면 이런 외교마찰까지 일으켰겠느냐고 짚어볼 만한 대목이다.

2008년 10월은 글로벌 경제위기 극복을 위해 새로운 국제협력체제를 모색하던 때였다. 일단 선진국만으로 이뤄진 주요 7개국(G7) 회의로는 문제해결이 어렵다는 데 의견이 일치했다. 그래서 선진국 모임에 개발도상국 대표 국가들을 참여시켜 새로운 경제정상회의를 만드는 방안이 논의됐다. 당시 유럽에서는 G7에 중국, 브라질, 러시아, 인도 등 소위 브릭스 국가를 참여시켜 G13이나 G14로 확대하자고 주장했다. 그런데 결국 미국이 주도해 한국, 인도네시아 등 좀 더 많은 나라를 참여시키는 G20으로 낙착됐다.

여기서 일본은 어떤 태도를 취했을까. 당시 G20체제를 출범시키는 데 가장 반대한 국가는 일본이었다. 일본은 암암리에 또는 공개적으로 반대 입장을 내놓기도 하면서 G20 출범에 불만을 토로했다. 사실 G7 또는 러시아를 포함한 G8체제에서 일본은 아시아 국가 중 유일한 멤버다. 나머지는 미국, 독일, 프랑스, 영국, 이탈리아, 캐나다 등 서방 국가들이다. 그런데 G20체제로 전환되면서 일본은 아시아 대표 국가에서 여러 회원국 중 하나로 위상이 축소됐다.

실제로 G20 회의에서 가장 목소리를 높이는 나라가 중국이다. 미국 달러화를 대신하는 새로운 기축통화가 필요하다는 주장을 펼치면서 미국에 정면으로 맞서기도 했다. 중국은 G20 회의를 무대로 국제사회에서 목소리를 높이기 시작했고 앞으로 영향력을 더욱 확대해나갈 것으로 전망된다.

1980년대 후반 일본은 기세등등했다. '메이드 인 재팬' 상품은 세계 시장에서 날개 돋친 듯 팔려나갔고 넘쳐나는 돈으로 미국 건물이나 회사를 마구잡이로 사들이기도 했다. 마치 최근의 중국을 보는 듯했다.

그러나 아시아 국가로서 세계 1위에 도전한 일본은 '잃어버린 10년'을 겪으면서 미국과 격차를 좁히지 못한 채 좌절했다. 더구나 2009년엔 중국이 세계 2위 경제대국으로 떠올라 일본의 바통을 이어받게 된다.

와신상담 중인 일본은 어떤 선택을 하게 될까. 중국을 견제하기 위해 미국과 더 협력을 강화하는 방향으로 움직일 수도 있다. 또 아시아 대표주자로서 위상을 잃지 않기 위해 서방 일변도의 외교정책을 버리고 아시아에 외교 역량을 더 집중할 수도 있다. 어느 쪽이든 중국의 부상과 함께 일본이 설 자리가 좁혀지고 있는 것은 사실이다.

러시아 "앞마당 중앙아시아 넘보지 말라"

2009년 7월 중국 언론들은 러시아의 돌발 행동에 주목하는 기사를 쏟아냈다.

러시아 당국이 모스크바시장에서 상거래를 하던 중국인 보따리상 166명을 갑자기 잡아들여 불법 체류자로 간주한 뒤 출국 명령을 내렸다는 내용이다. 얼핏 스쳐 지나갈 수도 있는 사건이지만 조금만 주의 깊게 살펴보면 시사하는 바가 적지 않다. 사실 중국인들이 러시아에 들어가 불법으로 상거래(밀수)를 한 것은 하루 이틀 일이 아니다. 이를 갑자기 단속했다는 점, 그리고 그 시기가 미국의 달러화에 대항해 러시아와 중국이 한 목소리로 달러화를 대신할 기축통화가 필요하다고 말하던 때라는 것에 주목할 만하다.

더구나 당시 러시아가 밀수품이라며 중국 상인들에게서 압수한 물건은 무려 20억 달러어치에 달했다. 그만큼 중국인들이 러시아 상권을 휘젓고 있다는 뜻이다. 러시아가 겉으로는 중국에게 미소를 보내고 있지만 사실 속내는 침투해오는 중국 세력에 대해 잔뜩 긴장하고 있다는 것을 은연중에 비쳐준 사건이었다. 더구나 중국과 러시아 국경지대에는 러시아 사람들이 많지 않아 중국 세력이 침투하는 것을 러시아가 심각하게 받아들이고 있는 분위기다.

러시아의 앞마당이나 다름없었던 중앙아시아 지역에 중국 세력이 밀려들어오는 것도 러시아의 심기를 불편하게 하고 있다. 러시아와 중국이 서로 서먹한 감정을 품은 시기는 베이징올림픽이 열리기 직전인 2008년 8월로 거슬러 올라간다. 당시 러시아는 서방세계와 가까워지려는 그루지야를 전격 침공했다. 미국, 영국을 비롯한 서방국가들은 러시아에 대한 제재를 거론하며 강력 비방하고 나섰다. 이로 인해 러시아 주가가 폭락할 정도로 러시아는 코너에 몰렸다.

바로 이때 타지키스탄 두샨베에서 상하이협력기구(SCO) 정상회의가 열렸다. 2001년 중국과 러시아가 우즈베키스탄, 카자흐스탄, 키르기스스탄, 타지키스탄 등과 함께 만든 이 기구는 서방국가의 나토에 대항하는 지역

협력기구로 인식돼 왔다. 구소련 붕괴 이후 중앙아시아와 중국ㆍ러시아의 평화와 안보를 지키자는 목적에서 출범했다. 푸틴 러시아 총리는 이 회의에 앞서 "미국의 음모로 그루지야 사태가 발생한 것"이라고 주장하며 SCO의 지지를 얻어내려 애썼다. 그러나 중국은 끝내 러시아의 그루지야 침공을 지지하지 않았다. 마침 중국에서 베이징올림픽과 장애인올림픽이 연이어 열리던 시기라 중국으로서는 서방국가들을 자극하고 싶지 않았던 것이다.

또 SCO를 바라보는 시각에도 차이가 있었다. 서방국가들과 마주하고 있는 러시아는 SCO를 서방국가에 대항하는 협력체로 키우기를 희망하는 데 비해 중국은 이 지역에서 에너지를 공급받고 시장을 공략하는 데 더 큰 관심을 기울이고 있다. SCO가 아시아판 북대서양조약기구(나토)로 발전할 것이라는 예상이 있었지만 SCO에 항구적인 작전사령부도 없고 신속대응군도 없는 이유는 이런 시각차 때문이다.

중앙아시아를 놓고 미묘한 갈등을 지닌 가운데 중국은 2009년 6월 카스피해 지역의 투르크메니스탄으로부터 30년 동안 매년 400억 ㎥의 천연가스를 공급받는 계약을 체결했다. 이를 위해 양국을 잇는 7,000㎞ 길이의 가스관도 건설할 것이라는 계획이었다. 중국은 신장위구르 지역 안정을 위해서라도 중앙아시아 국가들과 유대를 강화하고 있고, 그럴수록 러시아로서는 중국과 경쟁을 벌일 수밖에 없는 상태다.

중국과 러시아는 2008년 10월 4,300㎞에 이르는 양국 국경선을 확정하고 영토분쟁을 공식적으로 종결했다. 러시아가 1929년부터 점령해온 국경지대 헤이샤쯔 삼각주를 중국에 반환함으로써 40여 년간 끌어온 국경선 확정협상을 마무리 지은 것이다.

이때 중국 외교부는 "이처럼 대화를 통해 국경분쟁을 종결한 사례가 얼마나 있느냐"며 중국과 러시아의 돈독한 관계를 강조했다. 중국과 러시아를 잇는 원유와 천연가스 공급관도 착착 건설되고 있으며 양국 간 경제협력은 갈수록 확대되고 있다. 그러나 과거 공산주의 맹주를 다퉜던 양국이 밀월관계를 얼마나 유지할 수 있을지는 의문이다. 특히 중국이 미국과 함께 G2를 겨루게 된다면 러시아도 어떤 형태로든 자신들의 입지를 되찾기 위한 행동에 나설 것으로 보인다.

러시아와 중국이 '협력 속 갈등관계'라면 유럽연합(EU)은 아예 노골적으로 중국의 부상에 경계심을 표출하고 있다. EU 의회는 자신들의 앞마당이라고 생각했던 아프리카에 중국이 밀물 들어오듯이 파고들자 2008년 4월 "중국이 인권을 탄압하는 아프리카 국가들을 돕고 있다"며 비난결의안을 채택하기도 했다. 베이징올림픽이 열릴 때에도 "수단 다르푸르 인종학살 사태 뒤에는 수단 정부에 대한 중국의 지원이 있기 때문"이라며 노골적으로 올림픽 보이콧 분위기를 조장하기도 했다.

때마침 티베트 분리 독립 유혈시위 사태가 발생하자 프랑스인들은 베이징올림픽 성화를 막아섰고 독일에서는 "중국의 입장을 왜 반영하느냐"며 화교출신 TV앵커를 해고시키기도 했다. 2008년 12월 니콜라 사르코지 프랑스 대통령은 중국 정부의 강력한 경고에도 불구하고 티베트의 정신적 지도자 달라이 라마와 면담을 강행하기도 했다. 경제적으로도 중국의 최대 무역상대방인 EU는 섬유, 신발, 장난감, 철강 등에 줄줄이 반덤핑 조사를 벌이거나 반덤핑 관세를 물리는 등 중국산 제품을 막기 위해 가장 강력한 대응에 나서고 있다.

이는 과거 영국연방 소속이었던 호주도 비슷하다. 호주 정부는 2009년 대대적인 군비확장계획을 밝히는 국방백서에서 "미국이 더 이상 호주를 지켜줄 수 없으며 중국이 갑작스럽게 호주 안보에 위협을 주고 있다"며 노골적으로 중국에 대한 경계심을 표출했다. 중국이 호주 철광석 업체인 리오틴토의 지분을 인수하려하자 호주 정부가 이를 막아서기도 했다. 그러자 중국 정부는 2009년 7월 리오틴토 직원들을 국가기밀 혐의로 체포해 마찰을 빚기도 했다.

유럽국가들과 호주가 경제적인 협력 필요성을 인정하면서도 중국과 노골적으로 마찰을 빚는 이유는 공유할 만한 가치관이 없기 때문이다. 특히 유럽인들은 아프리카와 신대륙으로 진출한 이후 몇 세기 동안 세계를 호령하며 인종적·문화적 우월주의에 젖어있었다. 일본의 부상에 대해서는 유럽문물을 잘 배우고 따라하면 성공할 수 있다는 것을 보여주는 모델 정도로 생각했다. 유럽문물과 문화의 우수성을 알리고 전파하는 데 일본 모델은 오히려 도움이 됐다.

그러나 중국의 부상은 다르다. 유럽의 시대가 저물고 아시아의 시대가 온다는 것을 의미하는 것으로 받아들이고 있다. 중국이 부상하면 할수록 앞으로도 서구식 가치관과 아시아적 가치관의 충돌은 심해질 게 분명하다.

인구대국 인도, 중국과 아시아 패권 다툰다

중국의 진정한 미래 라이벌은 어느 나라일까.

G2의 한 축인 미국을 포함해 유럽연합(EU), 러시아 등을 꼽는 사람들이 많을 것이다. 하지만 이제는 세계 2위 인구 대국 인도를 주목할 때가 됐다. 유럽연합과 러시아, 미국 등은 현재의 라이벌이지만 수십 년 후에 중국과 한바탕 크게 붙을 나라로는 인도를 꼽는 전문가들이 많다. 일단 인도 인구 수가 중국을 위협하고 있다. 대부분의 경쟁이 그렇듯이 숫자싸움에서 밀리면 모든 것이 불리해질 수밖에 없다.

2009년 7월 한국 통계청이 발표한 〈세계 및 한국 인구현황 통계〉에 따르면 2028년 인도 인구는 14억 6,400만 명으로 중국 인구 14억 6,000만 명을 넘어서게 된다. 2050년이 되면 인도 인구는 16억 1,400만 명으로 중국 인구보다 2억 명가량 더 많아지게 된다. 중국이 강력한 출산억제정책을 시행하고 있기 때문에 예상되는 현상이다.

단위: 백만 명

순위	1950년		2009년		2050년	
	국가명	인구	국가명	인구	국가명	인구
1	중국	545	중국	1,346	인도	1,614
2	인도	372	인도	1,198	중국	1,417
3	미국	158	미국	315	미국	404
4	러시아	103	인도네시아	230	파키스탄	335
5	일본	83	브라질	194	나이지리아	289
6	인도네시아	77	파키스탄	181	인도네시아	288
7	독일	68	방글라데시	162	방글라데시	222
8	브라질	54	나이지리아	155	브라질	219
9	영국	51	러시아	141	에티오피아	174
10	이탈리아	46	일본	127	콩고	148
	한국(24)	19	한국(26)	49	한국(46)	42

자료: 통계청

급격한 인구증가는 잠재 소비시장 확대로 이어지기 때문에 중국으로 몰려들던 외국 기업들의 발걸음을 인도로 돌려놓을 가능성이 크다. 더구나 인도는 국제공용어인 영어를 사용하는 나라다.

무섭게 성장하기 시작한 인도경제도 중국에는 부담이다. 2008년 인도의 GDP는 약 1조 달러로 중국의 4분의 1수준이고 경제성장률도 매년 7~9%로 중국과 비슷하거나 조금 낮은 수준이지만 질주하고 있는 중국을 이 정도나마 따라오는 나라는 인도를 비롯한 몇 개 나라에 불과하다.

인도의 IT 산업도 만만치가 않다. 2006~2007년 인도 소프트웨어와 서비스 산업은 25~28% 성장했다. 오라클, 인텔 등의 인도 R&D 센터 규모는 미국, 유럽 다음으로 크다. 타타그룹을 중심으로 한 자동차 산업 발전과 생명공학, 철강 등에서도 인도의 발전은 눈부시다.

여기에 다양한 인종, 종교로 인해 끊임없이 갈등을 빚어왔던 인도 정치도 어느 정도 안정을 찾아가고 있다. 2009년 5월 치러진 인도 총선에서 집권 여당인 국민회의당이 압승을 거두면서 만모한 싱 총리는 연임에 성공한 인도 역사상 4번째 총리가 됐다. 강력한 2기 정부를 구성해 경제를 비롯한 전반적인 개혁을 추진하는 데 힘을 얻은 셈이다.

성장하는 인도가 중국과 우호적인 관계를 맺는다면 다행이지만 문제는 양국의 사이가 그리 원만하지 않다는 데 있다. 1959년 3월 티베트에서 독립을 요구하는 무장 봉기가 벌어졌을 때 중국이 이를 강경 진압하자 달라이 라마는 히말라야 산맥을 넘어 인도로 망명했다. 그리고는 인도 북서부 다람살라에 망명정부를 세웠다.

달라이 라마를 초대하거나 만나기만 해도 곧바로 외교적 보복에 나서는 중국이다. 그러니 달라이 라마가 망명정부를 운영하고 있는 인도가 중국과 사이가 좋을 리 만무하다. 달라이 라마가 망명한 직후인 1959년 8월 양국 국경수비대가 처음으로 충돌한 것도 그런 사정을 반영한다. 저우언라이와 네루의 협상으로 일시 소강상태를 유지하던 양국 군대는 1962년 인도군의 공격으로 전면적으로 충돌했다. 이후 양국은 국경선을 확정하기 위해 매년 회담을 열고 있지만 아직 해답을 찾지 못하고 있다. 언제든지 다시 폭발할 수 있는 시한폭탄을 안고 있는 셈이다.

인도와 중국을 동일한 아시아 국가쯤으로 생각하면 오산이다. 영국 식민지를 경험한 인도와 공산주의를 경험한 중국은 완전히 다른 가치관을 지니고 있기 때문이다. 양국 국경분쟁도 따지고 보면 영국 식민지 경험으로 인해 잉태된 사건이다. 인도는 영국 식민지 시절 설정된 경계선을 따르자고 주장하고 있는 데 비해 중국은 영국 침략 이전에 설정된 국경선을 따르자고 해서 발생한 분쟁이다.

또 인도는 영국식 민주주의를 받아들여 7억 인구를 상대로 총선거를 실시하는 나라다. 유권자 4억 명이 한 달 동안 진행하는 이 투표는 지구촌 최대 선거잔치로 불린다. 인도는 이런 민주주의제도에 대해 자부심을 느끼고 중국을 비민주적인 국가로 비난하는 반면 중국은 인구대국에 적당하지 않은 서방국가 제도를 맹목적으로 받아들인 사례라고 꼬집는다.

또 인도가 중국을 공산주의 잔재를 지닌 나라라고 비난하면 중국은 인도를 카스트제도(신분제도)의 잔재를 지닌 나라라고 비난한다. 중국은 공산주의를 경험했기 때문에 신분 차별이 완전히 사라졌다고 강조하는 말이다.

이처럼 앙숙관계인 두 나라의 군사경쟁은 아직까지 현재 진행형이다. 아시아에서 중국의 독주를 그대로 두고 보지 않겠다는 인도의 의지는 2009년에도 그대로 표면화됐다. 빈곤해소 예산을 늘리라는 국내 여론에도 불구하고 인도 정부는 군 현대화를 목표로 2009년 국방비를 전년보다 34%나 증액했다. 중국이 중동과 아프리카로부터 들여오는 원유, 원자재 수송로를 보호한다며 인도양 곳곳에 해군기지를 건설하자, 인도가 앞마당이나 다름없는 인도양을 지키기 위해 총력체제에 나선 것이다. 인도는 핵잠수함을 건조한 데 이어 러시아로부터 잠수함을 임대하고, 이미 수입한 항공모함을 개조해 실전 투입하는 계획도 추진하고 있다.

한국ㆍ일본과 마찬가지로 인도와 중국은 가깝고도 먼 나라로 남을 가능성이 크다.

Part. **04**

G2시대,
중국을 뚫어라

슈퍼파워 중국,
한반도의 앞길은

새로운 통일해법 찾아라

한·미동맹을 외교의 기본 틀로 삼아온 한국 입장에서 G2체제는 커다란 도전이다. 냉전체제가 무너진 이후 세계 유일 수퍼파워 미국은 전 세계 모든 분쟁에 개입하거나 간여하면서 직간접적으로 영향력을 행사해왔다.

그런데 중국이 경제력을 기반으로 신흥경제강국으로 급부상하면서 한반도를 둘러싼 세력판도도 바뀌고 있다. G2체제가 확립되면 당장 남북통일 등 한반도 이슈에도 직접적인 영향이 파급될 수밖에 없다. 중국은 지정학적으로 보나, 오랜 역사적 관계로 보나 한반도와 밀접한 이해관계를 갖고 있기 때문이다.

전문가들은 대체로 중국의 목소리가 커지는 G2체제가 성립되면 남한과 북한이 '통일한국'으로 가는 데 불리하다고 진단한다. 중국이 국경을 맞댄 한반도에 '강한 한국'이 생기는 것을 달가워하지 않을 것으로 보기 때문이다.

실제로 2008년 김정일 북한 국방위원장 중병설이 나돌았을 때의 일이다. 북한에서 어떤 일이 발생하면 마치 통일이 당장이라도 이뤄질 것처럼 생각하는 사람도 없지 않았다.

이때 베이징에서 한국문제를 연구하는 중국 관변연구소 소장을 사석에서 만났더니 전혀 다른 말을 내놨다. "김정일 위원장이 사망하면 곧바로 통일될 것처럼 생각하는데 이는 한국의 착각이다. 중국은 몇 년 전부터 북한정권 붕괴에 대비해 여러 가지 대응책을 만들어 놓고 있다. 중국은 압록강·두만강 국경의 난민대책을 명분으로 북한에 개입해 새로운 친중 정권을 세우려 한다. 동·서독 통일 당시 러시아는 집안 문제를 처리하느라 정신이 없어서 구경만 했지만 중국은 다르다"는 말이었다.

그의 말이 헛말이 아니었음은 이후 여러 가지 정황으로 드러난다. AP 등 외신들은 2009년 7월 미국 국무부 제임스 스타인버그 부장관 등이 수차례 베이징을 방문했다고 소개했다. 북한 정권이 붕괴하는 상황에 대비해 긴급사태 대응책을 마련해놓기 위해 중국 고위급 관계자들에게 회담을 제안했지만 모두 거절당했다는 내용도 포함돼 있었다. 북한에 어떤 사태가 발생하면 중국이 큰 변수로 작용할 것이라는 사실을 미국도 잘 알고 있다는 뜻이다. 또 중국으로서는 동맹관계인 북한을 자극하지 않기 위해 이런 주제를 놓고 미국과 미리 협상하기를 꺼려하는 것으로 해석할 수 있다.

중국은 입만 열면 한반도 긴장완화와 북한 핵실험 반대를 외친다. 남한과 북한이 상호 협력하고 대화하는 것을 적극 지지한다는 태도다. 가장 모범적이고 외교적인 답안이지만 그 속에는 말썽이나 분란 없이 현 상태를 그대로 유지해주면 좋겠다는 속내가 담겨 있다.

북한이 핵실험이나 미사일을 발사할 때 중국이 취하는 태도를 보면 그런 사실을 손쉽게 알 수 있다. 북한이 2006년 10월 1차 핵실험을 강행한 뒤 국내 언론들은 "중국도 유엔 안보리에서 북한 제재안에 동의했다"며 곧 중국이 북한을 봉쇄할 것처럼 야단법석을 피웠다.

그러나 그때 북한과 국경을 맞댄 중국 내륙지방에서는 북한산 해산물 잔치가 열리고 있었다. 일본으로 수출되지 못한 북한산 해산물이 중국으로 몰려들면서 중국인들이 때 아닌 해산물 풍년을 맞았던 것이다.

중국은 그 뒤에도 미국이 북한을 봉쇄하자며 유엔에 결의안을 제시하면 이런저런 조건을 덧붙여 사실상 유야무야한 조항으로 만든 뒤에야 통과시켜 줬다. 북한을 자극하거나 궁지로 몰면 한반도 평화가 깨질 수도 있다는 논리였다.

중국은 지금도 명실상부한 북한의 후견인이다. 중국 단둥에서는 신의 주를 잇는 다리를 넘어 중국 물자가 쉴 새 없이 북한으로 들어가고 있다. 평양 곳곳에서 가장 활발한 경제활동을 벌이는 외국인들은 중국 상인들이다.

중국이 북한을 얼마나 전략적으로 중요하게 생각하는지는 한국전쟁 참전과정을 봐도 알 수 있다. 당시 중국은 대만을 병합하기 위해 전군에 비상령을 내려놓고 있었다. 그런 상황에서도 북한이 한국전쟁에서 밀리기 시작하자 인민해방군의 진군 방향을 대만에서 한반도로 바꿨다. 이때 마오쩌둥의 아들도 참전해 사망했다.

중국은 여러 측면에서 북한이라는 완충지대를 원한다. 북한이 핵실험을 해도, 장거리 미사일 실험을 해도 북한에 대한 중국의 경고메시지가 형식적으로 그치는 이유다. 한국인들이 간혹 중국을 아직도 못사는 나라 취급하면서 "중국에 이런 것도 있느냐"고 물으면 중국인은 "한국 땅에 있는 것들 중 미군 빼고는 모두 있다"고 되받아친다. 그만큼 중국은 한반도 내 미군의 존재에 대해 신경을 곤두세우고 있다. 중국 언론들이 한반도 뉴스 중에서 가장 신경 써서 보도하는 내용 중 하나도 한·미 합동군사훈련을 비롯한 미군 동향이다.

앞으로 한국의 통일외교가 미국뿐 아니라 중국의 태도까지 염두에 두면서 슬기롭게 진행돼야 할 이유다.

중국 내수시장에 금맥 있다

2008년 1월 중국 산둥성 옌타이공항에 한국인 3~4명이 보따리를 든 채 주변을 두리번거리며 모여들었다. 같은 시각 인근의 몇몇 공항에도 한국인들이 비슷한 모양새로 3~4명씩 모여들었다. 중국에서 직원 3,000여 명을 거느리고 염색·섬유가공을 하던 S섬유 한국 임직원 10여 명은 이렇게 007작전을 펼치고 중국 땅에서 일명 '야반도주'를 했다.

1992년 한중 수교 이후 중국의 낮은 임금과 적극적인 외자유치 정책에 매료된 한국 중소기업들은 가격경쟁력을 얻기 위해 1990년대 말부터 2,000년대 초반까지 약 4만 개 기업이 중국 땅으로 몰려갔다. 산둥성 칭다오·옌타이, 광둥성 광저우·선전 등지에 터를 잡은 이들은 한 때 중국에서 낮은 원가로 물건을 만들어 미국·유럽시장에 내다팔며 승승장구했다.

한국기업들이 중국 땅으로 몰려가자 "중국 때문에 한국경제가 공동화된다"는 우려의 목소리가 컸으나 중국으로 옮아간 이들이 한국에서 기계·중간재를 대거 사가면서 오히려 한국경제에 버팀목 구실을 하기도 했다. 그 결과 한국이 물건을 가장 많이 수출하는 나라는 2003년 마침내 미국에서 중국으로 바뀌었다. 2004년엔 중국에 수출한 금액이 미국과 일본에 수출한 금액을 합친 것보다 더 많아지게 됐다.

그러나 그런 상황은 그리 오래 가지 않았다. 새로운 상품을 보자마자 더

싼 가격에 거의 비슷한 제품을 만들어내는 중국 기업들이 맹추격해왔다. 또 미국, 유럽 등과 무역마찰을 겪게 된 중국은 2005년부터 가공무역산업에 잇따라 규제정책을 내놓기 시작했다. 중국에 진출한 홍콩, 대만, 한국 중소기업들이 2006년부터 줄줄이 야반도주를 하게 된 사연이다. 한때 한·중 양국 사이 외교문제로 떠오르기도 했던 이들 중소기업 야반도주 사건은 많은 것을 시사해준다. 중국 기업을 상대하면서 끊임없이 자기혁신이나 기술개발에 나서지 않고 현실에 안주하면 어떤 결말을 맞게 되는지 보여주고 있기 때문이다.

전기전자, 기계, 의류, 자동차, 철강, 철강제품, 유기화학물….

2008년 중국 10대 수출 품목들의 리스트다. 어디선가 많이 본 듯한 느낌이 들지 않는가. 한국의 주요 수출 품목과 거의 비슷하다. 그만큼 세계시장을 두고 한국과 중국은 같은 분야에서 치열한 경쟁을 할 수밖에 없다는 뜻이다.

베이징에서 2008년에 만난 어느 중국 관변 학자는 이런 말을 했다. "큰 물은 배를 띄우기도 하고 침몰시키기도 한다. 그동안 중국경제성장은 한국경제를 부양시켜 왔다. 그러나 기술력 격차가 줄어든 이제부터는 중국 발전이 한국경제를 뒤흔들 수도 있다"는 내용이었다.

중국은 2008년 현재까지도 한국이 가장 많은 물건을 수출하는 나라이며, 가장 많은 무역흑자를 내는 나라다. 이런 한·중 경제관계를 이어가려

면, 또 중국에 진출한 한국 중소기업들이 줄줄이 야반도주를 하던 전철을
되풀이 하지 않으려면 부단한 기술개발과 혁신 외에 다른 방법은 없어 보
인다.

또 그동안은 중국에서 물건을 만들어 외국에 내다팔아 왔으나 지금부터
는 중국시장을 적극적으로 공략하는 수밖에 없다.

세계경제전망 연구기관 CEIC에 따르면 2008년 중국 내 소비는 중국 전
체 GDP의 45% 정도를 차지했다. 나머지 경제성장은 투자와 수출에 의지
하고 있다. 이런 경제성장 구조가 외부로부터의 충격에 취약하다는 사실
을 알게 된 중국 정부는 2000년대 중반부터 대대적인 내수 진작정책을 펼
치고 있다. 특히 미국 발 금융위기 이후에는 4조 위안(약 730조 원)에 이르
는 경기 부양자금을 쏟아붓고 있다.

지리적으로 가까운 중국이 거대한 소비시장으로 떠오른다면 한국으로
서는 새로운 기회를 맞게 된다. 한때 "13억 인구에게 이쑤시개 1개씩만
팔아도 얼마가 남겠는가"라는 농담이 나돌았을 정도로 중국 시장의 잠재
력이 무궁무진한 게 사실이다. 다만 이런 생각을 전 세계 모든 경영자들이
똑같이 하고 있다는 게 문제다. 웨고너 GM 회장이 "아직도 중국시장 공
략 전략을 수립하지 않은 회사가 있다면 그 회사는 글로벌 전략을 포기한
것이나 마찬가지"라고 설파했던 것이 2001년의 일이다.

베이징, 상하이 등지의 백화점엔 이미 세계 최고급 브랜드들이 모두 진
출해 각축을 벌이고 있다. 어지간한 브랜드는 명함도 내밀지 못하는 처지

다. 국내 최상위 백화점이 2008년 8월 베이징 최고 번화가인 왕푸징거리에 첫 백화점 매장을 열었다. 몇 달 뒤 찾아가본 그 백화점에는 민망스러울 정도로 손님이 없었다. 그 백화점 담당자는 "세계적인 브랜드 사이에 끼여 지명도가 낮은 설움을 톡톡히 경험하고 있다"고 한숨을 내쉬었다. 〈대장금〉으로 상징되는 중국 내 한류열풍을 지켜보면서 한국 브랜드에 중국인들이 무조건 호감을 표시하거나 관심을 나타낼 것이라고 생각한다면 큰 오판이다.

2007년 4월 배인&컴퍼니는 향수, 화장품, 시계 등 세계 사치품 소비에서 2014년이면 중국이 세계 1위에 올라설 것이라고 전망했다. 이 시장분석회사가 보고서를 내놓을 당시 이미 중국에는 세계가 인정하는 최고급 브랜드 중 81%가 진출해 있었다. 예를 들어 구찌는 10개, 디오르는 8개, 에르메스는 7개의 전문점을 개설해 놓고 매장을 확대하던 중이었다. 2009년에는 세계 사치품 브랜드 중 60%가 중국에 생산라인을 구축하거나 브랜드 판매권을 부여할 것이라는 분석도 나왔다. 그야말로 전 세계 기업들이 중국시장 공략에 기업의 존망을 걸고 있는 시대다.

유명 자동차회사나 전자제품회사들도 과거에는 미국과 유럽시장에서 신제품 발표회를 여는 것이 통상적이었지만, 최근에는 중국시장에서 신제품 발표회를 여는 사례가 늘어나고 있다. 한국 기업들도 최신 제품으로, 최고의 역량을 집중하지 않고서는 중국시장을 공략하기 힘들다는 것을 의미하는 변화다.

미국 중심 사고에서 벗어나라

2008년 2월 이명박 대통령은 새 정부의 첫 각료 후보 16명을 발표했다. 이 가운데 미국에서 학사나 석사 또는 박사 학위를 받은 사람은 모두 4명이 포함됐다. 런던대 등 유럽에서 학위를 받은 사람도 4명으로 서방권에서 공부한 사람이 절반에 이르렀다.

그러면 떠오르는 강국으로 떠들썩하게 언급되는 중국에서 학위를 받은 사람들은 몇 명이나 될까. 혹시 하는 마음이 있었지만 단 한 명의 각료도 찾을 수 없었다.

정부의 주요 각료 중에 중국에서 학위를 딴 사람이 아무도 없다는 것은 그만큼 중국을 아는 사람이 없다는 말이기도 하다. 소위 말하는 '중국통'이 한 명도 없다면 이명박 정부는 당연히 중국보다는 미국 위주의 사고와 정책을 펴나가게 될 것이다.

물론 이유가 없는 건 아니다. 한국과 중국이 수교한 건 1992년의 일이다. 그러니 한국인들이 중국 대학에 유학하기 시작한 것도 얼마 되지 않았다. 소위 말하는 '중국통'의 뿌리가 약할 수밖에 없다.

실제로 필자가 만나본 많은 기업인들과 관료들은 "중국은 아직 멀었다. 미국도 안 되는 일들을 중국이 할 수 있겠냐"며 금융위기 이후 중국경제가 미국보다 더 빠르게 회복될 가능성을 부정적으로 진단했었다. 그들에게 중국에 대해서 공부를 좀 해본 적이 있냐고 물어보면 출장을 몇 번 가봤는

데 아직도 여전히 무질서하더라며 고개를 젓는 사람들이 대부분이었다. 지금은 많이 변했다고 하지만 일반 한국인들이 중국에 대해 갖는 생각도 이와 크게 다르지 않은 것 같다.

이런 한국인들의 인식에 대해 베이징에서 10여 년간 근무한 어느 굴지의 대기업 현지법인장은 이렇게 말했다.

"중국에서 10여 년간 살아오는 동안 숱한 중국인을 만나고 중국 각지를 헤집고 다녔다. 그러면 그럴수록 더 알기 힘들고 어려운 게 중국이라는 생각을 갖는다. 그만큼 넓고 복잡하고 다양한 게 중국 사회다. 그런데 어찌 된 영문인지 대다수 한국인들은 중국을 잘 안다고 생각한다. 아마 삼국지도 읽었고 중국여행도 몇 번 해봤다는 자부심 때문인 듯하다. 한·중관계에 있어서 가장 큰 걸림돌은 한국인이 중국을 모른다는 사실 그 자체를 모르고 있다는 점이다."

실제로 중국은 미국은 물론 일본과도 너무나 다른 나라다. 오바마 대통령이 선출되는 과정과 후진타오 국가주석이 권력자로 등장하는 과정은 판이하다. 미국과 일본, 한국은 자유시장경제를 지향하는 반면 중국은 사회주의시장경제를 지향한다. 환율을 결정하는 방식도 다르고 경제정책을 도출하는 과정도 다르다. 외교의 우선순위도 다르고 원칙도 다르다.

중국에선 "한 평생을 모두 쏟아부어도 끝을 볼 수 없는 3가지가 있다"고 한다. 어떤 미식가도 다 맛볼 수 없는 다양한 음식이 그 첫째고 평생을 공부해도 다 통달하지 못하는 한자가 둘째다. 그리고 나머지 하나는 평생을 유람해도 다 둘러볼 수 없다는 중국의 풍경과 유적이다. 그만큼 넓고도 다양한 모습을 지닌 나라라는 뜻이다.

중국 북부 하얼빈에서 매년 1월 세계 최대 규모로 꼽히는 국제빙설제가 열리는데, 날씨가 보통 영하 20℃를 밑돈다. 바로 이때 중국 남부 하이난 섬은 영상 20℃에 육박하는 온화한 날씨로 골프관광객을 맞아들이기에 바쁘다.

그래서 "중국의 날씨가 지금 평균 몇 ℃ 정도 되지" 하는 질문은 그야말로 우문이다. 마찬가지로 "중국에선 어떤 마케팅 방법이 적절하지" 하는 질문을 던질 때에도 지방마다 제각기 다른 해답이 나온다. 더구나 미국이나 일본에는 보편적이고도 일관적인 사회시스템이 정착돼 있는 반면 급속한 발전과징을 겪고 있는 중국에서는 일관적인 사회시스템이 덜 정착돼 있다. 그러다보니 임시방편적이거나 임기응변적인 조치를 내놓을 때도 많다. 직접 부딪혀 보지 않고는 알 수 없는 다양한 면모를 지니고 있다는 뜻이다.

그나마 다행인 것은 중국에서 공부하는 한국 유학생이 점점 늘고 있다는 사실이다.

교육과학기술부 자료에 따르면 2008년 외국에서 공부하는 한국인 유학생(대학생 이상)들은 모두 21만여 명이다. 그중 중국에서 공부하는 유학생은 5만 7,504명으로 26.5%를 차지했다. 미국에 유학을 간 학생에 이어 두 번째로 많은 학생들이 중국행을 택했다.

이는 2007년 중국행 유학생 비중이 19.4%였던 것과 비교해도 크게 늘어난 수치다. 또 유학생 숫자를 비교해 봐도 중국행 유학생은 미국행 유학생 6만 2,392명과 거의 비슷한 수준까지 늘어났다. 미래의 주역들이나마 중국의 부상에 대비하고 있다는 점에서 희망을 읽을 수 있다.

우리가 중국으로 가서 배우는 것 못지않게 중국인들이 한국으로 와서 공부하는 것도 중요하다. 중국 학생들이 한국에서 공부하면서 한국을 이해하게 하고 그들과 친분을 쌓아놓는 것이 '관계'를 중시하는 중국인들을 대하는 데 도움이 될 것임은 자명한 현실이다. 〈상하이 데일리〉에 따르면 중국 유학생들이 공부하러 가는 국가는 미국이 32%, 호주 29%, 영국 20% 순이다. 세계 공용어인 영어사용 국가를 선호하다보니 이웃나라 한국은 우선순위에서 밀리게 된다. 한국을 찾아온 유학생에게라도 한국 문화와 가치관을 잘 이해시켜 주는 노력이 필요하다.

중국으로
부자되기

중국 주식시장 길게 보자

"중국 주식시장이요? 어느 정도 롤러코스터를 견뎌낼 자신이 없다면 무턱대고 달려들지 마세요."

국내에서 중국 주식시장 투자 펀드를 운영하거나 그래도 중국 주식시장을 잘 안다는 전문가들에게 중국 주식시장 투자에 대해 물어봤을 때 듣는 소리다. 물론 중국의 성장성을 보고 5~10년 정도 장기적으로 투자하려는 생각이면 대부분 전문가들은 긍정적인 반응을 보인다. 문제는 일반 투자자들이 그동안 출렁거리는 주가변동을 견뎌낼 수 있느냐 하는 점이다.

지난 2007년 '미래에셋차이나솔로몬'이라는 중국펀드의 인기를 기억하는가? 당시 미래에셋자산운용이 운용하던 이 펀드는 '미차솔 신화'라고까지 불렸다. 펀드 1년 수익률이 100%를 훌쩍 넘기면서 대박을 터뜨린 중소형주처럼 인식되기도 했다. 이 펀드의 성공신화를 바탕으로 미래에셋자산운용은 '인사이트펀드'라는 중국 중심의 글로벌투자펀드를 만들어 5조 원을 끌어모으기도 했다.

하지만 중국 상하이 주식시장이 2007년 10월 장중 6124.04로 사상 최고치를 기록한 뒤 고꾸라지기 시작해 2007년 11월~2008년 10월 사이 대부분 중국펀드들은 1년 동안 60~70% 손실을 기록했다. '미래에셋차이나솔로몬'도 예외가 아니었다. 여기저기서 한숨소리가 터져나오고 중국펀드를 원망하는 목소리가 높아졌다.

그러다가 2009년 들어 세계 경기가 회복조짐을 보이자 중국 주식시장이 가장 먼저 회복세를 보였다. 중국 펀드 수익률이 속속 플러스로 돌아섰지만, 이미 폭락장에서 펀드를 환매한 투자자들은 손실을 만회할 기회를 갖지 못했다. 단기자금으로 투자하는 사람들에게 중국 주식시장이 얼마나 위험한 시장인지를 잘 보여준 사례였다.

중국 주식시장에 투자할 생각이라면 우선 그 시장이 어떤 구조로 이뤄져 있는지 이해해야 한다.

지난 2007년 필자가 펀드담당 기자로 일하고 있을 때 어느 투자자가 전화를 걸어왔다. 그는 상기된 목소리로 "지난 일주일 동안 중국시장이 급등했다는데 왜 제가 투자한 중국 펀드는 조금밖에 안 올랐나요"라고 물어왔다. 사태를 파악해보니 그 투자자가 가입한 펀드는 중국 본토시장이 아니라 홍콩시장에 100% 투자하는 펀드였다. 처음부터 중국 본토주식시장과는 아무런 관계가 없는 펀드였던 셈이다.

안타까울 뿐이었다. 피땀 흘려 번 돈으로 투자하면서 자신이 투자한 상품에 대해 어떻게 이처럼 모를 수도 있을까 하는 생각까지 들었다.

그럼 일단 중국 주식시장의 구조를 뜯어보자. 중국은 나라가 크다 보니 주식시장이 3곳으로 분리돼 있다. 본토에 상하이시장, 선전시장이 있고 본토시장과는 별도로 홍콩시장이 개설돼 있다.

상하이시상은 1990년 문을 열었고 선전시장은 1991년 개장했다. 이 두 시장에 상장된 주식은 A주와 B주로 구분된다. 중국 내국인은 A·B주를 모두 거래할 수 있지만 외국인들은 A주에 직접투자를 할 수 없고 B주만 사고 팔 수 있다. 중국 정부가 허용한 외국 기관투자자들만 예외적으로 A주에 투자할 수 있다. 외국인 개인투자자가 A주에 투자하려면 이런 기관들이 운용하는 펀드에 가입할 수밖에 없다. 홍콩시장은 외국인이든 내국인이든 구분 없이 거래가 자유롭다.

중국 주식을 직접 사들이려는 사람은 홍콩증시에 투자하거나 상하이나 선전의 B주에 투자해야 한다. 이를 위해서는 먼저 한화증권처럼 중국에 투자할 수 있는 증권사에서 계좌를 만들어야 한다. 이후 온라인트레이딩 시스템을 통해 인터넷으로 주문을 내거나 증권사에 주문을 의뢰해도 된다. 하지만 매매시간이나 방법 등이 한국과 다른 점이 많기 때문에 사전에 증권사에 상세히 문의하는 게 좋다.

중국 B주에 투자하려 한다면 상하이시장에서는 미국달러, 선전시장에서는 홍콩달러로 거래해야 한다. 홍콩시장에서는 당연히 홍콩달러로 거래해야 한다. 따라서 상하이·선전시장 B주나 홍콩증시에 투자할 때에는 미국달러나 홍콩달러 환율에도 신경을 써야 한다. 홍콩시장에 비해 중국 B주 시장은 소외받는 시장이라는 사실도 꼭 참고해야 한다.

B주 종목 수가 상하이와 선전에 각각 90여 개뿐이고 금융주나 IT와 같은 성장주들이 거의 포함돼 있지 않다. 그러다보니 중국인들도 외면하는 시장이어서 상하이와 선전을 합친 B주 시가총액은 10조 원 정도에 불과하다. 유통물량이 매우 적다는 점도 주의해야 한다. 중국 주식시장에선 중국인들이 집중 투자하는 A주가 먼저 움직인 뒤 B주나 홍콩주식(H주)이 뒤따라 움직이는 경향을 보인다. 이런 점도 직접 투자자에게는 참고사항이다.

중국펀드에 가입해 간접투자를 하려면 가장 먼저 그 펀드가 홍콩에 투자하는 펀드인지, 중국 상하이·선전증시에 투자하는 펀드인지를 먼저 따질 수 있어야 한다. 대개 증권회사나 펀드운용사들은 홍콩에 투자하는 펀드도 중국펀드라고 소개할 때가 많기 때문이다. 또 중국펀드에 가입할 때에는 환율 변동에 따른 위험을 회피한 환헤지 상품인지 아닌지도 확인해야 한다. 본인이 환율 변동으로 인한 이익을 노려보겠다는 생각이라면 환헤지를 하지 않은 상품을 골라야 하지만 그만큼 위험도 크니 각오를 해야 한다. 중국 투자 펀드들은 대부분 2.5% 내외의 수수료를 부담해야 한다는 사실도 감안해야 한다.

그렇다면 중국 주식시장에 투자할 땐 어떤 점에 주의를 기울여야 할까. 우선 실적이 좋고 배당을 많이 해주는 종목이 유망하다는 사실은 어떤 주식시장에서나 공통적이기 때문에 더 이상 언급할 필요가 없다.

중국 주식시장에서 가장 귀담아 들어야 할 격언은 '정책에 맞서지 말라'는 것이다. 중국은 정치 우위 사회이고 중앙정부 정책에 따른 파급효과도 다른 나라에 비해 큰 사회다. 따라서 증권감독관리위원회나 인민은행 주요 인사들의 발언은 시장을 뒤흔들기에 충분하다. 2008년 11월 중국 정부가 4조 위안 규모 경기부양책을 내놓으며 내수 진작에 나선 이후 그 대표적인 수혜업종인 가전, 자동차, 인프라 관련 주들이 급등한 사실이 그런 점을 반영한다.

'달걀을 한 바구니에 담지 말라'는 투자금언에도 귀를 기울여야 한다. 중국 기업들 중에는 회계투명성이 떨어지는 곳이 적지 않아 이른바 '몰빵'을 하는 것은 위험하기 짝이 없다. 부패가 많은 중국 사회에서 의외의 정치적 변수가 자주 발생하는 점도 몰빵투자를 위험하게 만든다. 전자유

중국증시가 활황이었던 2007년 한 중국 증권사 객장 모습

통업 부동의 1위였던 궈메이가 대표적인 사례다. 황광위 궈메이 회장이 경제사범으로 갑자기 구속되면서 2위인 쑤닝전기가 1위로 올라서는 등 관련 업계기 지각변동을 겪었나.

중국 주식시장에서 가장 독특하면서도 큰 영향을 미치는 변수가 '비유통주' 매각이다.

비유통주란 증시에 상장할 때 일정 기간 동안 매각을 보류하도록 해둔 주식을 말한다. 중국 증시에서 비유통주는 유통주와 맞먹을 정도로 많은 물량이다. 2009년 7월 말 중국 주식시장의 전체 시가총액이 24조 위안이었는데, 이 중 비유통주는 12조 위안 정도로 절반을 차지한다. 중국 증시 구조조정 과정에서 묶어둔 이들 비유통주는 앞으로 약 3년에 걸쳐 대부분 매매금지가 해제된다.

2008년 매매금지에서 해제된 비유통주가 1,245억 주였고 2009년엔 6,833억 주, 2010년엔 3,395억 주가 매매금지에서 해제된다. 중국 증시가 지난 2007년 말 이후 급격한 하락세를 보인 이유 중 하나도 이런 비유통주에 대한 걱정 때문이다. 시장에 쏟아지는 매도물량을 견딜 수 있는 장사는 없다. 비유통주 소나기를 피하려면 미리 투자하려는 종목의 비유통주가 얼마나 되고 언제 풀리는지 증권사에 문의해 보라.

그럼 중국 시장에서 전문가들은 어떤 업종과 종목을 눈여겨보고 있을까.

우선 중국 정부가 발표한 10대 산업촉진책과 내수부양책의 수혜 업종들이 주목을 받고 있다. 이 정책들은 2010년까지 이어질 예정인 만큼 중장기 투자를 노릴 때 반드시 고려해야 한다. 중국 정부가 집중 육성하겠다고 발표한 10가지 업종은 자동차, 철강, 장비제조, 전자정보, 방직ㆍ섬유, 석유화학, 유색금속, 조선, 경공업, 물류 등이다. 이들 산업은 중국 GDP의 3분의 1을 차지하는 데다 국가세수ㆍ취업 등에서 결정적 기여를 하는 분야여서 중국 정부로선 지원을 지속할 수밖에 없다. 중장기투자 종목으로 주목해야 할 이유가 충분한 셈이다.

또 내수촉진책과 관련해 주목받는 업종들은 자동차, 가전, 주류, 식품 등이다. 농촌지역에서 전자제품을 구매할 때 보조금을 지급하는 제도인 자뎬샤샹 영향으로 TV, 휴대폰 등 전자제품 수요가 늘고 있는 만큼 중싱통쉰(中興通訊), 창뎬커지(長電科技), 셩이커지(生益科技) 등을 주목해볼 만하다. 또 농촌 자동차구매보조금제인 치처샤샹으로 자동차 소비가 크게 늘어나고 있는 만큼 창안치처(長安汽車), 진베이치처(金杯汽車), 이치샤리(一汽夏利), 중통커처(中通客車) 등 자동차 관련 주도 주목대상이다.

중국 정부가 원자력, 풍력, 태양광 등 청정에너지원 육성에도 적극적인 만큼 이런 분야에서 강점을 가진 기업들도 눈여겨봐야 한다. 화넝궈지(華能國際), 다탕파뎬(大唐發電), 창장뎬리(長江電力), 궈뎬뎬리(國電電力) 등 전력·발전설비업체들이 그런 종목이다.

시멘트를 비롯한 건축·자재업체는 중국 정부의 사회기반시설 투자증가로 각광받고 있다. 사이마스예(塞馬實業), 치롄산(祁連山), 칭송젠화(靑松建化), 하이뤄쉐이니(海螺水泥) 등이 관심종목이다.

소득증가와 함께 건강을 챙기는 사람이 늘면 의약·화학도 안정적 발전단계로 들어서는 게 보통이다. 중국 의약·화학업종에서는 저장이야오(浙江醫藥), 신허청(新和成), 키화셩우(科華生物)가 눈에 띈다.

중국 정부가 대규모 철도 건설 프로젝트를 추진 중인 만큼 철로설비업도 업황이 살아날 전망이다. 다친티에루(大秦鐵路), 스다이신차이(時代新材), 중궈난처(中國南車), 중궈중티에(中國中鐵), 중궈티에젠(中國鐵建) 등이 유망하다.

중국 수출이 반등하는 시점이 되면 컨테이너, 항만운수와 관련된 중궈

위엔양(中國遠洋), 중하이파잔(中海發展), 창항요우원(長航油運) 등도 노려볼 만하다.

알루미늄, 니켈 등 유색금속업체도 국제상품 가격흐름에 따라 강세가 이어질 가능성이 있다. 통링요우서(銅陵有色), 중진링난(中金嶺南), 장시통예(江西銅業), 산둥황진(山東黃金), 중진황진(中金黃金), 츠진쾅예(紫金鑛業) 등 업체가 포진하고 있다.

금융위기 이후 중국 정부에서 산업구조조정에 나선 상태인 만큼 인수합병(M&A) 테마도 주목할 만하다. 철강, 유색금속, 석탄, 석유, 화학, 은행 등의 업종이 모두 M&A 테마에 휩싸여 있다. 철강에선 바오강(寶鋼), 우강(武鋼), 유색금속에선 중궈뤼예, 장시통예(江西銅業), 석탄에선 옌저우메이예, 석유·화학에선 중궈스요우(中國石油), 중궈석화(中國石化), 중하이유요푸(中海有服), 은행에선 젠셔인항(建設銀行), 궁상인항(工商銀行) 등이 M&A를 주도하는 종목이다.

중국 부동산, 외국인에게도 기회 있나

몇 해 전까지 한국은 지구촌에서 차이나타운이 없는 특이한 나라로 꼽혔다. 세계 어디를 가든 마주치게 되는 차이나타운을 중국과 가까운 한국에선 찾아볼 수 없었으니 한번쯤 고개를 갸웃해볼 만했다. 그 이유는 대략

베이징의 고급아파트 싱허완

이렇다.

1970년 박정희 대통령은 외국인들의 논, 밭, 임야 소유를 금지하고 점포는 50평 이내, 주택은 200평 이내에서만 소유할 수 있도록 제한했다. 그러자 국내에 거주하던 화교 약 4만여 명 중 절반가량이 썰물처럼 한국을 떠났다. 토지나 주택에 대한 중국인의 남다른 애착을 보여주는 사례다. 만약 그때 외국인 토지소유 억제정책을 내놓지 않았다면 지금쯤 서울 강남의 한복판에는 자장면을 팔아서 번 돈으로 건설한 거대한 차이나타운이 서 있을지 모를 일이다.

사유재산을 인정하지 않던 중국이 개혁·개방 이후 주택이나 토지소유를 슬금슬금 허용하자 중국에 부동산 투자열풍이 불어닥친 것은 자연스런 결과라 할 수 있다. 중국에 주택담보대출이 등장한 것은 1992년의 일이다. 건설은행이 부동산담보대출을 처음 선보였는데 인민은행이 1996~2000년 사이 연 12%대였던 1년 만기 대출금리를 6%대로 인하하자 대출을 받아 집을 사는 사람들도 폭발적으로 늘어났다. 1997년 말 190억 위안이던 개인주택대출이 2007년까지 140배가량 증가했으니 중국의 부동산투자 열풍이 얼마나 강력했는지 짐작할 수 있다.

중국에서는 아직도 모든 토지가 원칙적으로는 국유재산이고 주택용지 70년, 공업용지 50년, 상업용지 40년 등으로 토지를 사용할 수 있는 기한이 정해져 있다. 그러나 사유재산권을 보호하는 물권법이 2007년 10월 시행된 이후로는 공공이익을 침해하지만 않는다면 토지를 영구히 사용할 뿐 아니라 상속도 할 수 있는 것으로 이해되고 있다. 게다가 중국에선 아직 상속세도 도입되지 않았고 대개 집값의 70%를 대출받을 수도 있다. 부동산투자의 천국인 셈이다.

그러다보니 2005~2008년 사이 중국 집값은 천정부지로 뛰어올랐고 이로 인해 2007년 중국에선 집값 안정대책을 촉구하는 서명운동이 전국에서 큰 반향을 불러일으킬 정도였다. '3년 동안 주택구입을 일제히 보이콧하자'는 서명운동까지 벌어지기도 했다.

당시 중국 사회과학원이 분석한 자료에 따르면 중국의 월세 대비 집값 비율은 세계 최고로 치솟았다. 이후 중국 정부가 지속적으로 금리를 인상하고 외국인에 대해서는 부동산 투자를 제한한 데 이어 2008년 말 글로벌 금융위기가 터지자 중국 부동산 거품은 빠르게 꺼지는 듯했다. 그러나 2009년 들어 세계 경기가 회복조짐을 보이자마자 중국 부동산시장은 다시 과거와 같은 투자열기를 회복했다. 고도성장을 지속하고 있는 중국에서 부동산 투자열기가 쉽게 꺾이지 않을 것임을 시사하는 현상이다.

2006년 7월 외국인 부동산투자 제한 조치를 내린 이후 외국인 개인투자자들이 중국에서 부동산을 구입하는 길은 사실상 막혀 있는 상태다. 기업이나 영리법인이 사업용으로 부동산을 매입하는 것만 허용하고 외국인 개인은 합법적으로 중국에서 1년 이상 거주한 뒤에야 집을 살 수 있도록 제도가 바뀌었기 때문이다. 또 취업비자인 Z비자를 보유하고 일정한 소득이 있다는 것을 증명하거나 학생비자인 X비자로 장기체류 중임을 증명해야 한다.

금융위기로 부동산경기가 추락할 때 베이징, 상하이 등 1급 도시에서 한시적으로 외국인 부동산투자 제한을 해제하는 움직임을 보이기도 했지만 현장에선 여전히 제한이 많다. 외국인 개인이 막상 부동산을 사들여 등기를 하려고 하면 수속을 잘 안 해주는 위험부담이 뒤따르고 있다. 더구나 1급 도시가 아닌 2~3급 중소도시에선 외국인이 투자목적으로 집을 사는 데 대한 제한이 여전하다.

이런저런 조건을 다 맞춰 중국에서 부동산을 살 수 있게 됐다 하더라도 중국 부동산시장의 특수성에 주의를 기울여야 한다. 중국에선 일반적으로 아파트를 골조만 완성한 상태에서 분양한다. 내부 인테리어는 분양받은 사람이 스스로 완성해야 한다. 또 중국 개발업자들은 아파트 단지를 한꺼번에 분양하지 않고 단지별로 여러 차례에 걸쳐 나눠 분양하면서 그때마다 분양가격을 인상하는 방법으로 시세를 조작하는 것도 일반적이다.

중국에선 신규 아파트 분양시장이 급속히 팽창하다 보니 기존 주택의 매매시장은 아직 덜 발달된 상태다. 한국에 비해 중국 부동산은 환금성이 떨어진다는 뜻이다. 주변 시세보다 싸게 내놔도 잘 팔리지 않아 애물단지가 될 수 있음을 유념해야 한다.

중국에서 주택을 살 때엔 계절적인 요인도 고려해야 한다. 중국 부동산시장에서는 흔히 춘제(설) 연휴를 앞두고 집값이 하락한다. 중국 부동산업체들이 대부분 춘제를 전후해서는 은행대출을 상환해야 하는 압박 때문에 움켜쥐고 있던 집을 매물로 내놓는 사례가 많다. 이런 사실을 잘 아는 중국인들은 집을 사려고 할 때 아예 춘제 때까지 기다리기도 한다.

또 한 가지 중국에서 부동산투자에 나설 때 고려해야 할 사항이 있다. 바로 위안화 환율변동이다. 부동산투자에는 거액의 자금이 들어가는 만큼 환율에 따라 희비가 크게 갈린다. 위안화 가치가 2008년처럼 폭등하진 않더라도 앞으로 위안화가 달러나 다른 화폐에 비해 강해질 것이란 관측이 전문가들 사이에서 우세하다는 점은 참고해볼 만하다.

중국에서 월세 구할 때 10계명은

이번엔 월세에 대해 알아보자. 외국인으로서는 중국에서 집을 사기가 쉽지 않은 만큼 중국에 거주하게 된 기업체 주재원이나 유학생은 일단 셋집부터 장만해야 한다. 그런데 중국에선 주택임대 방식이 대부분 월세여서 전세 위주인 한국과 판이하게 다르다. 또 월세나 부동산중개수수료 결정방식도 한국과는 크게 다른 만큼 주의가 필요하다.

우선 중국으로 옮겨갈 땐 가구·전기제품을 이삿짐으로 준비할 필요가 없다. 중국 주택임대에서 가장 특이한 점은 집주인이 가구·가전제품을

■ 중국에서 월세 구할 때 10계명

1. 가구·전기제품은 이삿짐으로 준비하지 마라.
2. 월세 구할 때 돈 자랑을 하지 마라.
3. 부동산 중개업소 1곳과만 거래하지 마라.
4. 다년 계약을 할 때에는 월세를 할인하라.
5. 계약 전에 누락된 요구사항이 없는지 두세 번 체크하라.
6. 옆집을 기준으로 다른 집을 평가하지 마라.
7. 추위에 떨지 않으려면 개별난방여부를 확인하라.
8. 부실공사가 곳곳에 잠복해 있음을 감안하라.
9. 보증금을 떼일 가능성에 대비하라.
10. 주변에 넓은 공터가 있을 땐 조심하라.

모두 비치해놓고 세입자를 맞아들인다는 사실이다. TV, 냉장고, 세탁기, 에어콘, 전자레인지 등 웬만한 가전제품은 집주인이 제공한다. 인터넷, 전화선, 위성TV도 집주인이 연결해준다. 계약조건에 따라 임차인은 사용료만 지불하는 방식이다. 이런 사실을 모르고 이삿짐을 잔뜩 꾸려온 사람들은 냉장고·세탁기 2대씩과 TV 2~3대를 구겨넣고 사는 일이 적지 않다.

월세를 구하러 가서 돈 많은 사람인 것처럼 허풍을 떠는 일도 삼가야 한다. 한국에서는 같은 평형이라면 대체적으로 전세가격이 비슷한 수준에서 결정된다. 하지만 중국에서는 같은 아파트라도 세입자를 봐가며 서로 다른 가격을 부르기 때문이다.

실제로 B씨와 C씨는 월세를 구하러 다니다가 황당한 경험을 했다. B씨는 월세 9,000위인 선에서, C씨는 1만 4,000위안 선에서 집을 구하러 다녔다. 그러다가 친구 사이인 B씨와 C씨는 우연히 몇 시간 차이를 두고 똑같은 아파트를 둘러본 사실을 알게 됐다. 놀라운 것은 똑같은 아파트를 보여주면서 부동산중개업소가 B씨에게는 월세 9,000위안을, C씨에게는 1만 4,000위안을 제시했다는 사실이다.

중국 부동산중개수수료는 한 달 치 월세로 정해져 있다. 때문에 월세가 높아질수록 중개업소가 챙기는 수수료도 많아진다. 주택임차료를 회사에서 실비로 정산을 받는 주재원들은 이런 구조 속에서 '봉'으로 통한다.

"우리 회사에서는 월세를 1만 4,000위안까지 지원해 준다"고 말하는 순간 이 사람이 보러 다니는 임대주택 월세는 모두 1만 4,000위안짜리로 둔갑한다. 세입자가 바가지를 쓰는 순간 집주인과 중개업소는 동시에 이득을 보게 된다.

부동산중개업소도 1곳을 고집할 필요가 없다. 한국에서는 부동산중개업소 1곳만 찾아가도 그 동네 전세매물을 한눈에 볼 수 있는 것이 일반적이지만 중국은 다르다. 아직도 장부책을 뒤적이며 매물을 찾는 중개업소가 적지 않다. 중개업소 간 정보교환도 활발하지 않다. 한국에 비해 발품을 좀 더 많이 팔아야 하는 이유다.

다년 계약을 하는 것도 금물이다. 스스로 권리를 포기하는 것이기 때문이다. 중국의 부동산임대는 1년 계약이 기본이다. 부동산중개수수료는 집주인만 지불한다. 집주인으로서는 1년 계약이 끝났을 때 세입자가 이사를 나가려고 하면 골치다. 또다시 중개업소에 1개월 치 월세를 수수료로 내야 하고 소파, TV, 침대, 신발장 등 가구들도 새로운 세입자 구미에 맞춰 손질해야 한다. 세입자가 1년 계약기간 만료 후 계약기간을 연장하면서 특별한 사정이 없다면 "월세를 깎아달라"고 요구할 수 있는 구조다. 따라서 집주인이 2년 또는 3년 등 다년 계약을 요구하면 "1년짜리 계약에 비해 월세수준을 상당 폭 낮춰야 한다"는 점을 미리 알고 있어야 한다.

집주인에게 요구할 사항은 계약 전에 두세 번 체크하는 게 좋다. 빈 집에 입주하던 습관이 배어 있는 한국인들은 TV, 세탁기, 냉장고 등이 놓여 있으면 그저 황송해하기 십상이다. 그러나 DVD, 정수기 등 생활에 필요한 가전제품은 스스럼없이 요구하는 게 중국에선 정석이다. 신발장, 냉장고, 세탁기가 작아 보이면 큰 것으로 바꿔달라고 요구해야 뒤에 후회하지 않는다.

세입자의 요구사항이 많아지면 월세가격에 영향을 미치는 것은 사실이다. 그러나 본인이 이들 제품이 필요해져서 직접 구매한 때에는 다른 집으로 이사할 때 오히려 불편을 겪을 수도 있다. 계약 전에는 집주인이 요구사항을 순순히 받아들이지만 일단 계약이 이뤄지고 나면 어지간해선 추가 요구가 받아들여지지 않는다는 사실도 명심해야 한다.

옆집을 기준으로 다른 집도 그러려니 생각하는 것은 금물이다. 한국의 아파트는 같은 동·평형인 때에는 한 채만 둘러보고도 다른 집의 분위기나 구조를 대충 짐작할 수 있지만 중국은 아니다. 중국에선 아파트를 건물 골조만 완성된 상태에서 분양한다. 싱크대, 바닥장판, 난방구조(입식 난방 또는 온돌), 창틀, 방문 등 내부 인테리어는 집주인이 맡아서 시공한다. 방 칸막이를 새로 설치하는 사례도 있다. 따라서 같은 동, 같은 평형의 아파트라도 완전히 다른 집이라고 봐야 한다.

추위에 떨지 않으려면 개별난방여부도 확인해둘 필요가 있다. 중국에선 관리비를 집주인이 부담하고 전기료나 가스요금은 세입자가 부담하는 것이 원칙이다. 이때 중앙난방식이면 난방비가 관리비에 포함돼 집주인 부담으로 넘어간다. 그러나 좋아할 일만은 아니다. 중국에서는 난방을 할 수 있는 날짜와 기간이 지역별로 정해져 있다. 추위가 빨리 닥쳐오면 중앙난방식 아파트에서는 꼼짝없이 추위에 떨어야 한다. 개별난방을 선택하면 난방비 부담을 감수해야 하지만 날짜에 관계없이 난방을 틀 수 있는 장점이 있다.

부실공사가 곳곳에 잠복해 있다는 것도 고려해야 한다. 중국 아파트들은 겉모양이 화려하지만 부실공사가 도처에 잠복해 있다. 층 간 소음은 물론이고 누수, 붙박이장 균열 등 예상치 않은 문제가 발생한다. 혹시 물이 샌 흔적은 없는지, 가구들의 손잡이는 모두 제 위치에 달려 있는지 꼼꼼히 따져야 한다. 문제가 발견되면 부동산중개업소를 적극 활용해 수리해야 한다. 중국 부동산중개업소는 집안 설비에 사소한 문제가 발생했을 때 애프터서비스를 제공하는 게 일반적이다. 가급적 대형 중개업소를 이용해야 하는 이유다.

보증금은 떼일 가능성이 적지 않다는 사실도 미리 염두에 둬야 한다. 중국에서는 먼저 보증금으로 1개월 치를 내놓고 매달 또는 3개월 단위로 월세를 선불로 지불한다. 그런데 이 보증금을 되돌려 받지 못하는 세입자들도 상당수다. 계약 전에 미리 집주인의 성격이나 재력을 중개업소에 문의하고 중개업소의 도움을 요청해놓는 것이 좋다. 계약이 만료됐을 때 그 부동산중개업자를 다시 불러 3자가 타협점을 찾으면 집주인과 양자담판을 벌이는 것보다 한결 나은 결론을 도출할 수 있다.

주변에 넓은 공터가 있을 때에도 조심해야 한다. 중국은 하루가 다르게 발전하는 나라다. 주변에 넓은 공터가 있다면 언제든 공사판으로 바뀔 수 있다. 그 다음에 발생할 소음, 먼지는 더 말할 필요가 없다.

소자본 창업, 1년 정도 살아본 뒤 시작하라

"한국인들은 무일푼으로 미국에 진출했지만 성공했다. 미국인들보다 근면하고 똑똑했기 때문이다. 이에 비해 한국인들은 중국에 수십만 달러씩 돈을 싸들고 들어왔지만 대부분 실패하고 돌아간다. 중국 경쟁자들에 비해 근면하지도 똑똑하지도 않기 때문이다."

2008년 중국 베이징에서 만난 제법 유명한 조선족 사업가 겸 관변학자가 내놓았던 말이다. 한국인들은 일반적으로 중국 사업을 너무 쉽게 생각하는 경향이 있고 또 중국에서 궂은일을 꺼리다 보니 80% 이상은 사업에 실패한다면서 했던 말이다.

"중국에 혼자 나와 있는 사람과는 가까이 하지도 말고 돈거래도 하지 말아야 한다는 말이 중국 교민사회에서 오래 전부터 나돌아 왔다."

이 말은 2009년 초 베이징 한국인회 간부를 인터뷰할 때 들은 얘기다. 한국과는 다른 중국 문화와 제도에 적응하다 보면 누구나 스트레스를 받기 마련이다. 그런데 가족과 떨어져 지내다 보면 자연스레 술, 여자 등 유혹에 넘어가기 쉽다는 사실을 지적한 말이다. 실제로 중국에선 미국이나 일본 등 선진국들보다 유혹의 손길이 가까운 곳에 널려있어 사업을 망치는 사람들도 적지 않다.

중국에 거주하는 한국 교민은 약 70만 명 정도로 추산된다. 한·중 수교가 1992년에 이뤄졌음을 감안하면 20년도 되지 않은 짧은 기간에 엄청난 인구이동이라 할 만하다. 다만 중국 교민으로 집계된 사람들 중 상당수는 기업이나 법인, 단체의 파견직원 즉 주재원들이고 유학생들도 상당수 포함돼 있다.

중국에서 순수하게 자신의 사업을 일군 자영업자 비중은 의외로 적은 편이고 이들 중 성공사례도 많지 않다. 아직 중국에서는 외국인의 창업과 영업을 제한하는 규제들이 곳곳에 도사리고 있기 때문이다. 규제가 많다는 것은 그만큼 일선 공무원들의 부패도 심하다는 것을 의미한다.

중국은 고도성장하고 있는 나라답게 제도나 규정이 하루가 다르게 바뀐다. 과거 "한국의 1년은 다른 나라 10년과 비슷하다"고 말하던 시기가 있었는데, 요즘 중국의 변화가 그와 비슷하다. 중국의 1년은 한국의 5년 또는 10년과 비슷하다고 생각해도 틀리지 않을 지경이다. 눈앞에 놓인 규제를 용케 뚫었다고 생각하는 순간 새로운 규제가 눈앞을 가로막아 서는 사례가 심심찮은 곳도 중국이다.

"중국에선 되는 일도 없고 안 되는 일도 없다"는 말도 종종 듣게 된다. 법이나 규정 중에서 애매한 내용이나 불확실한 대목이 많다 보니 코에 걸면 코걸이, 귀에 걸면 귀걸이 식으로 임기응변 조치도 많은 편이다. 주변 사람들과의 인맥을 일컫는 '꽌시(關係)'라는 말이 중국에서 중요하게 통용되는 이유다.

외국인에 대한 규제나 언어장벽을 피하려다가 또 다른 덫에 걸리는 한국인 사업가들도 종종 있다. 중국 현지인이나 조선족에게 의지하면서 그들의 명의로 사업등록 서류를 작성했다가 낭패를 본 사례들이다. "중국에서는 인건비가 싸다"고 막연하게 생각하는 것도 오판을 부를 수 있다. 한국에 비해 직원 월급을 절반만 지불한다면 겉으로는 인건비가 싼 것으로 보이게 된다. 하지만 1인당 생산성이나 능률이 절반을 밑돈다면 실제로는 한국보다 인건비가 비싼 셈이 된다. 중국인들의 문화와 습관을 이해하면서 그들을 한국 직원들처럼 부릴 자신이 없다면 "인건비가 싸다"는 말에 현혹돼서도 안 된다.

2008년부터 2009년 사이 중국에서 창업해 성공한 한국인 사업가 10여 명을 인터뷰해 보니 이들은 한결같이 "막연한 기대만 품은 채 중국에서 사업을 벌이면 안 된다"고 조언했다. "1년 정도는 중국에 체류하면서 언어·문화·제도를 몸으로 익히고 현지인들을 사귀어본 뒤 창업여부를 결정하라"는 충고들이었다.

물론 중국은 공식적으로 집계된 인구만 13억 명을 넘는 대국이다. 베이징, 상하이, 선전, 광저우같이 잘 알려진 도시가 아니더라도 서울 인구를 웃돌 정도로 규모가 큰 도시가 즐비하다. 쓰촨성의 충칭만 하더라도 상주 인구가 3,000만 명에 육박할 정도로 거대한 도시다.

인구가 많을수록 잠재 소비력이 큰 것은 당연하다. 또 중국은 금융위기가 몰아닥친 뒤에도 세계에서 가장 빠른 속도로 경제가 회복되고 있다. 위기 속에서도 7%대 성장률을 오르내릴 정도로 고도성장국가여서 사업 주춧돌을 놓기에 비교적 유리한 곳이라는 사실도 틀림없다.

몇 년 전까지 한국은 차이나타운이 형성되지 않은 유별난 나라로 꼽히기도 했다. 그러면서도 중국에 집단 거주지를 형성한 유일한 외국인이 한국인이기도 하다. 베이징 왕징 지역, 상하이 구베이와 롱바이 지역 등이 중국 내 코리아타운으로 일컬어진다. 한국인 밀집지역이 있다는 사실은 한국인 주재원이나 교민들을 대상으로 사업을 시작해서 기반을 닦은 뒤 중국인을 대상으로 시장을 넓힐 수도 있음을 의미한다.

실제로 한국에서 별다른 사업경험이 없었음에도 중국으로 와 창업한 뒤 성공한 사람이 더러 있다. 중국 베이징의 코리아타운으로 불리는 왕징 지역에서 '우가네'라는 고깃집을 운영하는 도성배 사장이 바로 그런 사례다. 식당이 그리 크지 않지만 주말에는 대부분 만석을 이룰 정도로 장사가 잘돼 벌써 베이징과 텐진에 점포를 3개나 운영하고 있다. 맛도 있고 가격도 비교적 저렴해서다. 도성배 사장이 원래 음식계통 전문가였던 건 아니다. 한국에서 20년간 일본어 교사를 하다가 2002년 별 다른 연고도 없이 중국으로 훌쩍 건너와 창업해 성공을 거뒀다. 중국에서 소자본으로 창업해 성공하는 확률이 10%도 채 안 되는 것을 보면 그의 성공은 남다르다.

그의 성공비결을 들어봐도 역시 첫 번째는 중국에 대한 이해다. 베이징에 도착한 뒤 1년 동안은 중국어 공부와 함께 중국인을 사귀는 일에만 매달렸다. "당시에는 한국인을 만나 본 기억이 별로 없다"고 기억할 정도다. "중국인들과 어울려 다니다가 지역 공안부장과도 친구처럼 지내게 됐는데 돌이켜 보니 그때 사귄 친구들이 무엇보다 소중한 자산이 됐다"고 도 사장은 회고했다.

창업 아이템도 중요하긴 하지만 결정적인 변수는 아니다. 주변에서 안될 것이라고 생각했던 아이템으로도 성공한 사례는 얼마든지 있다. 음식 분야에선 감자탕, 설렁탕, 보쌈, 순대국 등이 모두 베이징 한국인촌인 왕징에서 성공적으로 자리 잡았다. 중국시장에 많지 않지만 중국인들 입맛에 맞을 만한 아이템을 찾으면 작은 자본으로도 창업에 성공할 수 있다.

다만 평범한 아이템이라도 '우가네' 처럼 정성을 들여 치밀하게 시장을 공략하는 게 필수다.

도성배 사장은 음식사업을 해본 경험이 전무했던 만큼 유명 백화점에서 쇠고기를 사다 나르고, 상추, 고추 등 다른 식자재도 중국산보다 값이 4배는 비싼 한국산을 썼다. 남는 음식재료는 미련 없이 폐기했다. 처음엔 적자 투성이었지만 그렇게 몇 달이 지낸 뒤엔 입소문이 퍼져 자리가 모자랄 정도로 손님이 몰리기 시작했다.

중국에선 새로운 기술제품 보급이 빠르기 때문에 시장흐름을 읽는 것도 무엇보다 중요하다. 한국과 달리 중국에선 비디오테이프 대여점을 찾아볼 수가 없다. 비디오 시대를 거치지 않고 곧바로 DVD시대로 넘어갔기 때문이다. 또 1장에 10위안 안팎으로 저렴한 복사판 DVD가 판을 치고 있다. 대부분 소비자들이 DVD를 빌리는 게 아니라 사는 것으로 인식하고 있기 때문에 중국에서 DVD대여점을 열어 성공하는 것은 어지간해서 기대하기 힘들다.

자금규모도 창업자라면 반드시 고려해야 할 요소다. 투자자 본인이 확보한 자금을 훨씬 웃도는 아이템을 무리하게 시작했다가 낭패를 보는 사례가 심심찮다. 특히 중국에서는 외화송금 제한이 엄격하기 때문에 자금조달을 어떻게 할지를 면밀히 따져서 사업을 시작해야 한다. 영업 초기 몇 개월간 쓸 운전자금은 물론 일정기간 손실이 날 것을 계산해두는 것은 기본이다.

창업하려는 지역 특성에 맞는 아이템인지를 확인하는 것도 필수다. 고급 빌라촌에 분식점을 차린다거나 돼지고기를 먹지 않는 이슬람계 소수민족 위구르족이나 회족이 몰려 사는 곳에 삼겹살집을 낸다면 실패를 예약한 것이나 다름없다. 중국처럼 넓은 땅덩어리를 가진 나라에선 지역별로 날씨, 기온, 언어, 습관 등이 천차만별이어서 지역특색을 충분히 검토하지 않고 나섰다간 제대로 해보지도 못하고 사업을 접어야 할 수도 있다.

중국에선 외국인에게 아예 창업을 허가하지 않는 분야도 있다는 점을 알아야 한다. 담배소매 같은 게 그런 것이다.

위험요인을 피할 수 있다는 자신감이 생겨 중국에서 새로 소자본 창업을 계획하고 있다면 어떤 업종을 고려하는 게 좋을까. 우선은 고전적이긴 하시만 음식점이 가장 만만하다. 특별한 분야에 전문성을 갖고 있지 않는 경우 손쉽게 고려할 수 있는 아이템이기도 하지만 중국에선 음식업종의 성장세가 두드러진다.

실제로 베이징 거주 한국인을 대상으로 하는 생활정보지를 살펴보면 한식·일식집부터 카페, 레스토랑, 분식, 치킨집 등 음식점이 가장 많이 눈에 띈다. 그만큼 접근이 용이한 창업 분야라는 얘기다.

맞벌이 부부가 많은 중국에선 외식이 잦은 편이다. 그렇다고 음식점을 열면 무조건 성공하는 게 아닌 만큼 독특한 메뉴와 영업전략으로 차별화하고 좋은 식재료를 확보하기 위해 부지런히 발품을 파는 게 필수다. 접근이 용이한 창업 분야인 만큼 경쟁도 치열하다는 사실을 염두에 둬야 한다.

음식점이 아니더라도 의류, 잡화, 주방용품, 문구, 화장품 판매점, 학원, 미용실, 인테리어숍 등도 많이 고려되는 아이템이다. 그 가운데 특히 의류 소매점은 쉽게 접근할 수 있는 종류다. 세계 최대 의류·섬유 생산국인 중국은 국민소득 증가와 함께 옷에 대한 관심이 높아진 데다 아동복이나 아웃도어 의류에 대한 수요도 늘고 있다.

요즘 중국에선 피부관리, 다이어트, 패션헤어숍 등 미용 관련 아이템도 주목받는다. 다른 곳과 마찬가지로 중국에서도 젊은 여성들은 피부·몸매 관리에 돈 쓰는 걸 아깝게 생각지 않는다. 그 덕에 중국 미용시장은 매년 15% 이상 고속성장 중이다. 한국의 미용·성형기술이 중국에 널리 알려져 한국계 미용 관련 숍에 대한 관심이 높아졌다는 것도 이점이다.

중국의 교육열은 한국 못지않게 대단하다. 특히 어린이들에 대한 조기 교육시장이 뜨겁다. 1가구 1자녀 정책으로 인해 어린이들이 '샤오 황디(小皇帝)'로 불릴 정도로 귀하게 크다 보니 부모가 그들에게 쓰는 돈이 만만치 않다. 중국 도시가구 절반 이상이 수입의 20% 이상을 자녀에게 쓰는데 그중 30%가 교육비다. 어린이 교육시장엔 미술·음악·영어학원 등만이 아니라 댄스교습, 태권도, 수영 등 체육 관련 학원도 있고, 미진한 학과목을 보충해주는 보습학원도 적지 않다. 학원을 운영하려면 소자본 단독 투자가 가능한지, 우수한 강사를 확보할 수 있는지 등을 면밀히 따져봐야 한다.

중국 내 한 조사에 따르면 2009년에 가장 각광받는 창업 아이템으로 성급 이상 정부 소재지, 위성도시를 상대로 한 택배업, 시로 발전 중인 현급 도시 내 식료·여행·소매판매업, 정보거래·인터넷 관련업 등이 들었다. 소자본으로 창업해 돈을 많이 버는 업종으로는 음식, 약품, 건강식품, 의류도매, 피부관리, 다이어트, 유아용품, 어린이 조기교육, 성인 재교육, 노인용품, 서비스, 자동차 관련 서비스 등이 꼽혔다.

부록

중국 10대 부자들이 돈 번 사연

중국 최고 부자들 이렇게 돈 벌었다

세계 최고 부자는 누구일까.

경제에 큰 관심이 없는 사람일지라도 선뜻 마이크로소프트(MS)의 빌게이츠 회장이나 투자 귀재로 알려진 워렌 버핏, 아니면 중동의 석유 갑부들을 떠올릴 수 있을 것이다.

그렇다면 중국에서 가장 많은 재산을 가진 부자는 누구일까. 중국에 대해 어느 정도 알 만큼 안다는 사람들도 고개를 갸우뚱거리는 경우가 많다. 세계적으로 유명한 기업이나 금융회사의 나이 지긋한 회장들이 오랫동안 부자리스트 윗자리를 지키는 미국·유럽과 달리 중국에서는 40대 이하 젊은 부자들이 유난히 많기 때문이다.

1978년 개혁·개방 이후 거의 맨손으로 창업해서 일약 중국 최대 갑부 반열에 오른 이들의 인생은 그야말로 한 편의 드라마를 연상케 한다. 물론 이들의 인생 드라마는 현재진행형이기도 하다. 정부 규제와 부패사슬이 그물처럼 엮여 있는 중국에서는 최대 갑부도 하루아침에 나락으로 떨어지는 사례가 적지 않다.

영국인 회계사 후룬(胡潤, 루퍼트 후게베트프) 주도로 1999년부터 발표되고 있는 〈후룬리포트〉 '중국 100대 부자 명단'은 중국 갑부들의 변천을 그대로 보여준다. 2008년 이 명단 10위권에 오른 중국 부자들의 인생스토리를 살펴보자.

중국 최고 갑부, 황광위(黃光裕) 궈메이 전 회장

인구 13억 명이 넘는 중국 땅에서 최고 부자라고 하면 흰 수염을 기른 나이 지긋한 노인 정도는 돼야 어울릴 듯하다. 일반인들이 갖는 이런 선입관과 달리 중국 최고 부자는 이제 막 40대에 들어선 된 황광위 궈메이 전 회장이다.

〈후룬리포트〉에 2008년 중국 부자 1위로 오른 그의 평가자산은 430억 위안에 이른다. 물론 〈포브스〉가 2009년 세계 최고 부자로 꼽은 빌 게이츠 마이크로소프트 회장의 자산에 비해서는 작은 규모이지만 자본주의 역사가 짧은 중국에서 이룬 성과라는 것을 감안할 필요가 있다.

직원 20여 만 명과 가전제품 양판점 1,200여 개를 거느리며 중국 가전 유통업계를 평정했던 그는 한국의 정주영 회장과 비슷하게 맨손으로 기업을 일으켰다. 1969년 중국 남부 광둥성에서 태어난 그는 가난으로 중학교를 중퇴하고 16세가 되던 1985년 형과 함께 가출해 내몽고에서 장사를 시작했다.

광둥성 물건을 물품이 부족한 내몽고에 가져다 파는 사업이었다. 이듬해인 1986년 자신이 모은 4,000위안과 대출금 3만 위안을 합쳐 베이징에 '궈메이' 라는 이름으로 상점을 열면서 황광위 신화는 본격화됐다. 궈메이 상점에서는 당초 의류를 판매했지만 곧 수요가 한창 증가하고 있던 가전제품을 팔기 시작했다.

그이 성공 비결은 전형적이 박리다매 전략이었다. 자전거에 가전제품을 싣고 베이징 골목 구석구석을 돌아다녔다. 그는 1991년 가전소매점으로는 최초로 '가전제품을 사려면 궈메이로 오라' 는 표어를 내걸고 신문광고를 게재해 소비자들의 시선을 사로잡기도 했다. 박리다매 원칙으로 중국을 장악했던 그는 2004년 6월 궈메이를 홍콩증시에 상장시키며 중국 내 영향력 1~2위를 다투는 사업가로 떠올랐다.

그러나 2008년 말 주가조작, 탈세, 뇌물제공 등의 혐의로 갑자기 구속되면서 사람들을 놀라게 했다. 또 그와 연루된 것으로 알려진 중국 고위 관료들이 줄줄이 조사를 받게 되자 그는 정경유착 대명사로 전락하기도 했다. 베이징 인근 교도소에 수감 중이던 그는 2009년 4월 자살을 기도했다가 교도관에 의해 목숨을 건진 것으로 전해지면서 사람들을 또 한 번 놀라게 했다. 성장스토리만큼이나 몰락과정도 드라마를 연상케 하는 중국 최대 갑부다.

은둔 자선가 두솽화(杜雙華) 르자오(日照) 철강 회장

미국의 '살아있는 현인'으로 불리는 워렌 버핏 워크셔 해서웨이 회장은 자선사업가로 유명하다. 자산규모 350억 위안을 기록한 두솽화 르자오 철강 회장은 중국 내에서 워렌 버핏과 같은 인물로 통한다. 2008년 쓰촨성 대지진이 발생하자 그는 한 달 사이에 1억 5,000만 위안(약 300억 원) 정도를 기부해 중국인들을 놀라게 하기도 했다.

외부 노출을 극도로 꺼려해 취재가 어려운 인물로도 유명하다. 중국 대표 검색엔진 바이두의 백과사전에서도 그에 관한 설명은 다른 부자들과 달리 간략한 내용만 나와 있을 정도로 행적이 잘 알려지지 않았다. 르자오 철강이 비상장 기업이라는 점을 감안하면 그의 실제 자산 규모는 더욱 커질 수 있다는 말들도 많다.

2009년 44세를 맞은 그는 1987년 철강사업에 뛰어들었다. 당시 연간 생산액이 200만 위안도 안 되는 작은 기업이었지만 지금은 80억 위안 이상을 생산해내는 용접파이프 대기업으로 성장했다. 르자오 철강 주식회사로 정식 출범한 것은 2003년 2월인데 이 회사가 철강생산에 나선 것은 그해 9월 28일이다. 회사 설립 후 181일 만에 철강을 생산한 르자오 철강의 사례는 중국 철강사에 기적으로 기록돼 있다.

그는 벌어들인 부를 혼자 독식해서는 안 된다는 것을 보여준 전형적인 인물이었다. 업무회의에서도 항상 직원들의 처우 개선, 인간 중심의 정책을 강조했다. 두솽화 회장은 "기업이 안정을 유지하면서 더 성장해 나갈 수 있는 관건은 내부의 조화에 있다. 이런 조화는 인간 중심의 관리에서 비롯된다"고 입버릇처럼 말한다. 기업에서 직원에게 관심을 기울인 만큼 직원들도 즐겁게 일할 수 있고 이것이 곧 기업발전을 이끈다는 지론이다.

재벌 2세 양후이옌(楊惠姸) 비꾸이위안(碧桂園) 최대주주

2008년 중국 최고 부자리스트 10위권에는 20대 여성도 포함돼 있다. 1981년생으로 〈포브스〉가 뽑은 2007년 중국 부자리스트에서 1위에 오르기도 했던 양후이옌은 부동산과 주식가격 하락으로 그나마 3위로 내려앉았다. 하지만 여전히 330억 위안이라는 자산을 가진 엄청난 갑부다.

황광위, 두솽화 회장 등 창업주들과 달리 양후이옌은 시장경제 도입 역사가 짧은 중국에서 아직 두드러지지 않고 있는 재벌 2세의 대표주자다.

이 때문에 그보다는 그의 아버지인 양궈치앙(楊國强) 비꾸이위안(碧桂園) 회장을 주의 깊게 살펴볼 필요가 있다.

양궈치앙은 1948년 중국 광둥성의 가난한 작은 마을에서 태어났다. 출생 당시 이미 2명의 누나와 3명의 형이 있었던 그는 먹을거리 걱정을 안겨주는 아이로 가족들에게서조차 환영받지 못할 정도였다. 얼마나 가난했던지 그는 17세 전까지는 신발을 신어본 적도 없었다. 어릴 적 집에서 농사를 지었던 그는 이후 공사판을 전전하며 노동자로 일했다. 35세가 되던 1989년에야 건축회사 사장으로 취임하며 자기 사업을 시작했다. 마른 몸매, 까무잡잡한 피부에 슬리퍼를 주로 신고 헐렁한 양복을 입고 다니는 덕에 그는 가장 촌스러운 중국 부자라는 말도 들었다. 그만큼 부자라는 것을 드러내기 싫어하는 성품이었다.

하지만 정부의 고위관료인 큰형이 돌봐줘 회사 내에서 일취월장하고 건축회사의 사장까지 금방 올라갈 수 있었다는 후문이다. 그는 사장을 맡고 난 4년 후에 본인이 사장으로 있었던 북교건축공정공사를 사유화해 인수했다. 이 과정에서 현지 당서기 등 고위층의 지지가 큰 힘이 됐던 것으로 알려졌다.

양궈치앙은 돈을 벌고 난 후에도 고향 친척들을 잊지 않고 돌봐줬다. 능력 있는 사람이면 회사 내에 자리를 마련해 줬고 능력이 좀 모자란다 싶으면 직접 돈을 주기도 했다. 이같이 주위 사람들과 관계를 돈독하게 해놓은 것이 그의 성공비결 중 하나다. 그가 세운 부동산회사 비꾸이위안은 전형적인 가족기업이다. 이 기업이 홍콩시장에 상장될 때 같은 고향 출신의 기업인들이 대거 신주를 인수해 여타 기관투자자들의 관심을 촉발하기도 했다.

그는 배움에 대한 열망도 아주 강해 청쿵실업 리카싱 회장의 전기를 자주 읽었고, 좋아하는 책이 있을 땐 여러 권을 사서 직원들에게 나눠주기도 했다.

딸 셋과 양자 하나를 뒀던 양궈치앙은 큰 딸이 병으로 저능아가 됐기 때문에 둘째 딸 양후이옌을 후계자로 삼았다. 양후이옌은 열 살 정도 됐을 때부터 회사 내 중요 회의에 참석하기도 했다. 그는 미국 오하이오주립대에서 마케팅과 물류 전공으로 학사 학위를 받았고 2005년 귀국 후 비꾸이위안에 합류했다. 칭화대를 졸업하고 미국 유학을 다녀온 중국 공산당의 고위간부 이들과 2006년 말 성대한 결혼식을 올린 양후이옌은 현재 비꾸이위안의 최대주주다.

태양광 개척자 펑샤오펑(彭小峰) LDK 회장

2007년 6월 3일 뉴욕증권거래소. LDK라는 낯선 종목의 상장에 주식중개인들은 고개를 갸우뚱거렸다. 상장 당시만 해도 이 기업이 270억 위안의 자산을 가진 중국 4위 부자 펑샤오펑이 이끄는 태양광에너지 전문업체라는 것을 아는 사람은 많지 않았다. LDK라는 이니셜은 'Light DK Peng'이라는 펑샤오펑 회장의 영문 이름에서 따왔다. 빛을 의미하는 'Light'와 'Deliver King'을 합한 것으로 '빛을 운반하는 왕'이라는 뜻이다. 평소 빛보다도 빨리 움직이자고 강조하는 그의 철학이 반영된 이름이다.

이름 그대로 그는 빛과 같은 속도로 기업을 일으켰다. 1975년생인 그는 1997년 본인 소유의 기업을 세웠다. 당시 나이 22살, 가지고 있던 돈은 2만 위안이 전부였다. 고향인 장시성을 떠나 쑤저우에 도착한 이후 2년 동안을 온갖 고생을 하면서 모은 돈이었다. 그가 창업한 뒤 만든 노동자 보호용 신축성 장갑은 만들자마자 날개 돋친 듯 팔렸고 한 해 매출액이 18억 위안까지 올라갔다.

어느 정도 기반을 다진 후 그가 눈을 돌린 것은 태양광에너지산업이었다. 초등학교 때부터 아인슈타인을 좋아해 물리에 관심이 많았던 그는 관련 서적들을 닥치는 대로 읽었다. 당초 22세에 창업한 것도 유학자금을 마련하는 것이 목적이었다.

그가 태양광에너지에 대해 최초로 관심을 가졌던 것은 2003년 독일을 여행했을 때였다. 독일 현지 주택과 빌딩에 널려 있던 태양광전지판을 본 그는 태양광에너지 연구에 빠져들기 시작했다. 어릴 적부터 쌓아왔던 과학 지식들은 이때부터 본격적으로 효과를 발휘하기 시작했다. 한 번 마음을 정하자 일사천리로 일을 진행하기 시작했다. 고향인 장시성에 '싸이웨이 LDK'라는 이름의 법인을 세운 게 2005년 7월이었고, 그해 말에 미국회사로부터 관련 설비들을 도입했다. 그리고 바로 다음해 4월에 제품이 쏟아져 나왔다. '만만디'로 유명한 중국인들의 속성과는 전혀 다른 펑 회장의 행보다.

"남들이 시장조사를 하고 있을 때 우리는 100m 경주하듯 앞으로 내달렸다. 상대가 우리의 존재를 깨달았을 때 이미 그들은 우리의 경쟁 상대가 아니었다."

성공의 비결을 묻는 이들에 대한 그의 답이다.

때마침 중국의 에너지 산업이 붐을 이뤘고 국제적인 수요도 늘어 LDK가 만드는 태양광에너지 핵심 부품인 실리콘 웨이퍼는 큰 성공을 거뒀다. 이후 프랑스 등에서 투자금이 쏟아졌고 펑 회장은 이 돈을 곧바로 설비확장에 쏟아부었다.

"이미 2018년까지 주문을 받아놨다. 어느 누구도 넘볼 수 없는 기업으로 만들겠다."

빛의 속도도 마음에 안 들어 하는 펑 회장의 자신감 넘친 말이다.

자수성가 류융싱(劉永行) 시왕사료 회장 일가

류융싱 회장을 비롯한 류 씨 집안 일가 4형제는 꾸준히 중국 10대 부자 리스트에 이름을 오르내렸다. 2008년 리스트에는 250억 위안의 자산으로

5위에 올랐다.

4형제 중 둘째로 태어난 류융싱 회장도 어린 시절에는 말 그대로 찢어지게 가난했다. 이들 4형제는 쓰촨성의 시골 마을에서 태어나 20세가 될 때까지 구두를 신어본 적도 없다고 한다. 류융싱 회장은 1980년 겨울 자신의 주머니에 딸랑 동전 2개가 전 재산이라는 사실을 알고 부인에게 당분간 고기는 잊고 채소만 먹고 살자고 말했던 적도 있다고 회고하기도 했다.

1948년 출생한 류융싱 회장은 다른 형제들과 함께 1982년 공동 창업에 나섰다. 농촌에서 뭘 할 수 있을까를 두리번거리던 중 메추라기와 닭 기르는 사업을 먼저 시작했다. 갖고 있던 자전거, 손목시계 등을 모두 팔아 사업 밑천으로 삼았다. 돈을 모은 그는 1986년 전문사료연구소인 시왕과학연구소를 만들어 중국 농업의 현대화에 뛰어들었다. 중국은 개혁·개방의 새로운 시대에 진입하고 있었고 국가 과학기술을 이용한 농업 기술 향상에 관심을 쏟고 있었던 시기였다.

류 씨 형제들은 연구소 설립 이후 2년 만에 '시왕(希望)사료' 개발에 성공했다. 중국 최초의 사료 개발이었다. 시대의 흐름을 읽고 사업기회를 선점한 것이다. 덩샤오핑이 주장한 '일단 잘 살고 보자'라는 중국 개혁개방 정책의 가장 큰 수혜자 중 하나로도 볼 수 있다.

시장을 선점한 그는 시왕사료 기업을 중국 사료 시장의 80%를 점유하는 초우량 기업으로 성장시켰다. 시왕사료의 성공비결은 황광위 궈메이전 회장과 같이 싸게 대량으로 판매하는 박리다매였다. 시왕사료의 이윤

율은 0.5% 정도에 불과했다. 경쟁업체들이 따라오지 못할 만큼 싼 가격을 제시해 시장을 독점했다. 이 또한 시장을 먼저 선점했기 때문에 가능했다. 2003년 한국의 BBQ와 중국에 합작회사를 설립하기도 했다.

가전 유통 새 강자 장진둥(張近東) 쑤닝전기 CEO

중국 부자 순위에 단골로 이름을 올리는 쑤닝전기 CEO인 장진둥(자산 220억 위안)은 황광위 회장과 함께 중국 가전 유통시장을 주름잡은 인물이다.

1963년 중국 장쑤성 난징시에서 태어난 그는 1984년 남경사범대 중문학과를 졸업하고 지역 소속 기업에 입사했다. 하지만 얼마 후 회사를 그만두고 조그만 전기제품 가게를 차리면서 창업의 길로 들어섰다. 창업자금은 에어컨 설치 일을 부업으로 하면서 마련한 10만 위안 정도였고 직원들은 10여 명에 불과했다. 이때 나이는 불과 28세로 장진둥은 1년 만에 순이익 1,000만 위안을 올렸다. 당시 중국에서는 하해(下海, 안정적인 직업을 그만두고 창업에 뛰어듦) 열풍이 불었고 장진둥도 이 중 한 사람이었다.

그때만 해도 중국에서 가장 인기 있게 팔려나가는 가전제품은 세탁기, 컬러TV 등이었다. 하지만 장진둥은 이런 제품들은 뒤로 하고 엉뚱하게도 에어컨을 판매하기로 결정했다. 후발도상국들이 대부분 그렇듯이 에어컨은 사치 품목에 해당해 얼마 판매되지 않았던 시절이다. 그러나 장진둥은 사치 품목일수록 마진이 많다는 사실에 주목했다. 그리고 1990년 에어컨 전문판매점인 쑤닝전기를 설립했고 성장가도를 달리기 시작했다.

2003년 중국에서 사스가 한창 유행하던 때 그는 전국적으로 주목받는 사업가로 부상한다. 당시 베이징에서는 샤오탕산이라는 병원들을 짓고 있었고 짧은 시간에 많은 에어컨이 필요해진 상황이었는데, 장진둥이 에어컨을 설치하는 전문팀을 지휘하며 4시간 만에 모두 설치해 주목을 끌었다. 이 같은 실적이 쑤닝전기의 매출 증가에 기여했음은 물론이다. 1998년까지 에어컨 단일 품목을 팔았던 쑤닝전기는 1999년 중국에 가전 붐이 일자 가전, 컴퓨터, 통신을 결합한 판매방식으로 전환하면서 다시 한 번 성장가도를 달리기도 했다.

사업 확장을 위한 자본 유치를 목적으로 증시 상장도 꾸준히 준비했다. 5년간 상장을 준비한 끝에 2004년 7월 21일 쑤닝전기는 선전거래소에 공식 상장했다.

현재 황광위 궈메이 전 회장이 구속되자 그 틈을 노리고 시장 확장에 힘을 쏟고 있는 분위기다. 사실 궈메이는 쑤닝으로서는 커다란 장벽과도 같은 존재였다. 궈메이는 3대 가전제품 유통업체인 융러를 인수하면서 몸집을 과시하기도 했다. 하지만 장진둥은 황광위 전 회장에게 자신의 라이벌을 줄여줘서 고맙다는 인사를 할 정도로 느긋한 모습을 보이며 때를 기다렸다. 묵묵히 궈메이의 뒤를 따라가던 쑤닝은 황광위 회장이 구속된 후 마침내 궈메이를 제치고 중국 최대 가전유통회사로 우뚝 섰다. 황광위 회장과 장진둥 회장 사이의 격돌이 앞으로 어떻게 최종 결론을 내릴지도 지켜볼 만한 관전거리다.

부동산 큰손 쉬룽마오(許榮茂) 스마오그룹 회장

215억 위안의 자산을 가진 쉬룽마오 스마오그룹 회장은 중국 부동산시장의 큰손으로 통한다. 그는 1950년 중국 푸젠성에서 태어나 어릴 적에는 그냥 조용한 학생으로 자랐다. 하지만 20대 중반 보다 나은 생활을 찾고자 홍콩으로 떠나면서부터 그의 인생이 변하기 시작했다.

홍콩에서의 새로운 생활은 생각만큼 만만치가 않았다. 일용노동자로 잡일도 하고 재산관리, 금융 등 온갖 일을 했다. 하지만 창업을 할 만한 자금을 모으기는 쉽지 않았다. 어려움을 겪던 그에게 회생의 길을 마련해 준 것은 홍콩 증권시장이었다. 1970년대 말 주식중개인으로 활동했던 그는 1980년대 초 홍콩 증시에서 거액을 벌었던 것으로 알려졌다.

한평생 먹고 살고도 남을 만큼의 돈을 벌었지만 그는 이 자금을 가지고 미국으로 옷을 수출하는 사업을 시작했다. 또 증권시장에서 얻은 자신감을 바탕으로 부동산시장 투자에도 도전한다. 자신의 고향인 스스에서 전스 호텔과 전스 경제개발구를 짓는 등 스스 지역 최대 부동산개발상으로 부상했다. 1991년 가족들과 함께 호주로 건너간 그는 시드니 등에서 부동산 사업을 벌여 다시 한 번 크게 성공했다.

베이징 부동산시장을 눈여겨보고 있던 쉬룽마오는 1995년 베이징에서 올림픽 화원을 시작으로 위징엔, 화아오중신 등을 개발하면서 성공가도를 달린다. 그는 건물 주변에 테마공원, 녹색공간, 쇼핑몰, 학교 등 부대시설을 함께 조성하는 것을 부동산개발의 철학으로 삼았다. 그가 주로 건설한 주택들은 대부분 값비싼 것들이었다.

이 같은 성공 뒤에는 의사인 부모님의 영향으로 전공한 중국 의학이 한몫을 했다. 그는 "마음의 평화를 추구하는 중국 의학은 조급해 하지 않는 정신을 강조한다"면서 "똑똑한 사람이라도 마음이 조급해지면 뒷일을 생각하지 않는 경우가 많은데 사업을 할 때 이는 피해야 한다"고 말했다. 하루하루 급변하는 증권시장에서도 그가 평정심을 잃지 않고 큰돈을 벌 수 있었던 것은 알게 모르게 이 같은 중국 의학의 정신이 큰 작용을 한 것 같다.

태양에너지 박사 스정룽(施正榮) 우시샹더 회장

미래 에너지로 통하는 태양에너지는 중국에서도 각광받는 사업이다. 이 한복판에 스정룽 우시샹더(SUNTECH) 회장이 자리 잡고 있다.

1963년 중국 장수성의 한 농촌마을에 태어난 그는 1983년 장춘이공대를 졸업한 후 중국과학원 상하이 광학정밀기계연구소에서 석사 학위를 받았다. 과학에 재주가 있었던 그는 1988년 국비장학생으로 호주 뉴사우스웨일스대에서 태양에너지 전지기술 관련 박사 학위를 받은 전형적인 이과생 수재 출신 경영인이다.

펑샤오펑 LDK 회장과 달리 정식으로 태양에너지 관련 연구를 해온 학자라고 할 수 있다. 뉴사우스웨일스대 재학 당시 태양에너지 권위자인 마틴 그린 교수 실험실을 찾아가 월급을 안 받아도 좋으니 밑에서 일을 배우게 해달라고 할 정도로 관련 학문에 대한 열정이 넘쳤다. 이 분야에서 최고가 되겠다고 다짐한 그는 1992년 박사 학위를 취득하고도 계속 학교에 남아 연구원으로 재직하며 한 우물을 팠다.

그러던 그는 2001년 호주에서 가족괴 함께 돌연 귀국했다. 이때 스정룽은 그동안 공부해온 지식을 바탕으로 정부와 투자자들의 지원을 받아 합자회사를 세울 생각이었다. 하지만 몇 달이 지나도록 그의 회사에 투자하겠다는 투자자들을 찾아보기 어려웠다. 이를 안쓰럽게 생각한 중국 우시 정부의 한 간부가 문 밖에서 투자자를 3시간 동안 기다렸고 이에 감동한 투자자들은 돈을 내놓기 시작했다. 현지기업 8곳이 투자한 600만 달러의 자금과 본인이 가지고 있던 200만 달러를 합해 우시샹더를 만들었다.

하지만 회사 초기에는 단돈 2만 위안이 없어서 용역회사 직원들이 사무실로 쳐들어와 협박을 할 정도로 힘들었다. 스정룽은 힘들수록 꼭 성공하겠다는 의지를 불태웠고 2002년 첫 번째 10MW 건전지 생산라인을 세웠다. 이후 성장을 거듭해 전 세계 태양에너지 전지 생산능력 10위권에 올라섰다.

미국 마이크로소프트의 빌 게이츠 회장을 가장 존경하는 인물로 꼽는 그는 "빌 게이츠는 단순히 돈만 버는 게 아니라 기술과 비전으로 사람들의 삶을 바꿨던 인물"이라며 "태양광으로 인류의 생활을 긍정적으로 바꿔보고 싶다"고 말했다.

고속성장의 비결로 그는 6~7년 전부터 독일, 일본 등 선진국을 중심으로 태양광이 빠르게 확산될 때 제때 투자를 한 것을 꼽았다. 호주 유학 시 익혔던 기초 지식들과 중국의 저비용 원가 구조, 정부 지원 등도 큰 도움이 됐다고 말했다.

"돈은 일하는 과정에서 저절로 생기는 부산물이다. 자신의 수입이 얼마인지 따지는 시간에 어떻게 하면 창조적이고 혁신적으로 나갈 수 있을지 생각해라."

오늘날 꿈을 쫓는 젊은이들에게 던지는 스정룽 회장의 메시지다.

'관계' 중시한 주멍이(朱孟依) 허성촹잔 회장

조용하고 묵묵히 실무적으로 일을 처리하는 사람. 중국에서 손꼽히는 부동산 개발업체인 허성촹잔의 주멍이(자산 200억 위안) 회장을 일컫는 말이다. 그는 무슨 일이든 조용히 처리하는 스타일로 유명하다.

광둥성 평순현 출신인 그는 고등학교를 졸업한 후 20대 초반의 나이에 고향에서 목돈을 챙겼다. 개혁·개방으로 여러 노점상들이 평순에 몰려왔지만 서로 흩어져 있어서 상권이 형성되지 않는 사실을 그는 주목했다. 주멍이 회장은 현(縣) 정부를 찾아가 "노점상들을 모아 상가를 만들 테니 임대료를 받게 해달라"고 요청했다. 상권 개발에 도움이 된다고 생각한 현 정부는 허가를 내줬고 그는 다른 사람들의 자금을 끌어들여 이 계획을 성공시켰다. 시스템상의 문제를 발견하고 사고를 바꿔서 큰돈을 챙긴 대표적인 사례라고 할 만하다.

1992년 고향을 떠나 홍콩에서 다른 투자자들과 함께 허성촹잔을 창업했다. 하지만 여전히 사업의 주 무대는 고향인 광둥성이었다. 광둥성의 조그만 회사를 부동산 대표 기업으로 키울 수 있었던 밑거름은 주 회장의 과감한 결단력과 판단력이다.

허성촹잔 설립 이후 그는 우선 광저우 톈허구 땅을 사들였다. 당시 광저우시의 중심과는 거리가 있는 지역이었지만 정부가 도시를 개발하면 향후 이곳이 비즈니스 중심이 될 것으로 그는 생각했다. 주멍이 회장의 생각은 적중했고 이후 허성촹잔은 성장을 거듭해 광저우에 쥔징파크, 화징뉴타운 등 20여 건의 프로젝트를 진행하기도 했다. 개발 초기 허성촹잔이 사들인 땅들은 대부분 외지에 있는 값싼 땅이었지만 얼마 지나지 않아 중심가로 개발돼 대박을 터뜨렸다.

이 같은 성공은 정부 관리들과 탄탄한 관계를 미리 쌓아둔 덕분이기도 했다. 지방정부가 개발을 계획 중인 땅을 미리 매입해 개발하는 형식이 많았다. 정부 관료들과의 좋은 관계를 유지하기 위해 선전 공상은행장, 선전시 금융 담당 부시장을 역임한 우제쓰를 거액을 들여 스카우트하기도 했다. 당시 그가 제시한 금액은 연봉 500만 홍콩달러와 허성촹잔 주식 2,000만 주였다. 기업의 생사를 좌우할 만한 이에게는 돈을 아끼지 않는다는 그의 통 큰 면모를 엿볼 수 있다.

철강왕 장즈샹(張志祥) 젠룽철강 회장

철은 한 나라의 산업 발전에 절대적인 요소다. 자동차 · 배 · 비행기는 물론이고 건축물에 이르기까지 철을 사용하지 않는 분야를 찾아보기는 힘들다. 그러다 보니 경제개발에 나선 나라 중에는 철강 산업을 국가 기간산업으로 정해 국가가 직접 육성하는 일도 많다.

장즈샹 젠룽철강 회장은 중국의 경제 성장을 이끈 철강 산업 역사에서 없어서는 안 될 인물이다. 총 자산 200억 위안으로 중국 10대 부자 중 한 명으로 꼽히는 그는 '중국 철강업계의 대부' 로 꼽힌다.

1967년 중국 저장성에서 태어난 그는 저장대와 저장기술대에서 화학공학을 전공했다. 1994년 자신의 고향에서 '종샹기업' 이라는 이름으로 창업한 그는 빠른 속도로 사업을 늘려 나간다. 많은 철강왕들이 그렇듯이 그역시 전광석화와 같이 사업을 늘리고 밀어붙이는 스타일이었다. 그는 창업한지 5년 만인 1999년 저장성은 물론 상하이, 난징, 베이징, 텐진 등 13개 지역에서 사업을 벌였다.

그가 철강업에 본격적으로 뛰어들었던 것은 이때부터였다. 정부 소유의한 제철소를 임대한 그는 과감한 투자와 확장으로 매출을 크게 늘렸다. 불과 1년 만에 제철소 지분을 모두 사버린 그는 이 제철소 이름을 '젠룽철강'으로 바꿨다.

중국의 고도성장이 이어지면서 이를 뒷받침하는 제철사업도 탄탄대로를 걷게 되고 그는 젊은 철강왕의 자리에 올랐다. 장 회장은 장비 산업, 조선업 등 철강 연관 산업들은 물론 지하자원 채굴 등으로도 끊임없이 사업을 확장하고 있다.

G2 시대

초판 1쇄 2009년 10월 1일
3쇄 2010년 3월10일

....

지은이 매일경제 국제부 중국팀
펴낸이 김석규 **담당PD** 권병규 **펴낸곳** 매경출판㈜
등 록 2003년 4월 24일(No. 2-3759)
주 소 우)100-728 서울 중구 필동1가 30번지 매경미디어센터 9층
전 화 02)2000-2610(출판팀) 02)2000-2636(영업팀)
팩 스 02)2000-2609 **이메일** publish@mk.co.kr
인쇄 · 제본 ㈜M-print 031)8071-0961

....

ISBN 978-89-7442-607-1
값 14,000원